GegenSpieler – das sind Biographien und Geschichte(n) aus dem 20. Jahrhundert, das sind Menschen im Wettbewerb der Ideen und Überzeugungen, das sind die Namen und Köpfe zum Zeitalter der Extreme. Ihre Rivalität ist mal wohlwollend, mal unerbittlich, aber verspricht jederzeit Spannung. *GegenSpieler* – das sind auch Phänomene ihrer Zeit, die vor allem in der Auseinandersetzung an Profil gewinnen, denn das eine funktioniert nur bedingt ohne das andere. *GegenSpieler* – das sind immer zwei Seiten derselben Medaille.

Beide traten das jeweils höchste Amt ihres Landes mit dem Versprechen an, für innenpolitische Reformen und soziale Versöhnung einzutreten. Das Kind einer wohlhabenden Ostküsten-Familie verkörperte wie kein anderer US-Präsident vor ihm den amerikanischen Traum - jung, liberal und engagiert. Der Sohn eines Grubenarbeiters im zaristischen Rußland formulierte als Erster Sekretär des Zentralkomitees der KPdSU die kommunistische Verheißung nach dem Stalin-Terror neu - selbstbewußt, temperamentvoll und geradlinig. Doch **John F. Kennedy** und **Nikita Chruschtschow** standen vor allem an der Spitze weltweit rivalisierender Systeme - und somit einander gegenüber: schwerbewaffnet und die eigenen Einflußsphären fest im Auge. Und sie trugen die Verantwortung dafür, daß die Welt im Verlauf der Kubakrise am Abgrund eines Atomkrieges stand.

Karl Drechsler, Jahrgang 1932, emeritierter Professor für Neueste Geschichte, lebt und arbeitet in Berlin. Er ist Autor zahlreicher Bücher und Aufsätze zur Geschichte des Zweiten Weltkrieges sowie zur Geschichte der USA und der Internationalen Beziehungen.

GegenSpieler

Karl Drechsler

John F. Kennedy

Nikita Chruschtschow

Fischer Taschenbuch Verlag

Herausgegeben von Claudio Gallio

Originalausgabe
Veröffentlicht im Fischer Taschenbuch Verlag GmbH
Frankfurt am Main, November 1999

Typographie: Katja von Ruville
Druck und Bindung: Clausen & Bosse, Leck
Printed in Germany
ISBN 3-596-14158-3

Inhalt

Vorwort

»Sie und er waren Gegner, die jedoch die Überzeugung verband, daß man die Welt nicht in die Luft sprengen darf.«

Aus einem Brief Jacqueline Kennedys vom 1. Dezember 1963 an Nikita Chruschtschow

Dieses Buch handelt von zwei Männern, die nach Herkunft und Ausbildung, Charakter und Wertvorstellungen unterschiedlicher nicht sein konnten. Sie schienen verschiedenen Welten anzugehören. Der eine, Nikita Sergejewitsch Chruschtschow, kam als Sohn eines armen Land- und Grubenarbeiters im zaristischen Rußland zur Welt. Als Kind hütete er das Vieh reicher Grundbesitzer. Seine Schulausbildung war miserabel und belastete ihn ein Leben lang. Erst als Fünfunddreißigjähriger begann er ein Studium an der Moskauer Industrieakademie. Dieses »Treibhaus der kommunistischen Elite« (Edward Crankshaw) verließ er ohne Examen, da er hohe politische Funktionen übernehmen sollte. Er war Erster Sekretär der Stadt- und der Gebietsparteiorganisation Moskau von 1935 bis 1938 sowie von 1949 bis 1953 und des Zentralkomitees der Ukrainischen KP von 1938 bis 1949. Bald gehörte er den höchsten Machtzirkeln der UdSSR an, dem Zentralkomitee und dem Politbüro der Kommunistischen Partei. Mehr als zwei Jahrzehnte lang genoß er das uneingeschränkte Vertrauen Stalins, den er ebenso verehrte wie fürchtete und später haßte. Für dessen Verbrechen war er jedoch in nicht geringem Maße mitverantwortlich. Wenige Monate nach Stalins Tod erhielt er im September 1953 das höchste Amt seines Landes und wurde Erster Sekretär des Zentralkomitees der KPdSU, 1958 zudem noch Ministerpräsident. Im Oktober 1964 verlor er durch eine Art Palastrevolte seine Ämter und lebte bis zu seinem Tod im September 1971 als Pensionär.

Der andere, John Fitzgerald Kennedy, kam aus einer der reichen amerikanischen Familien, ihr Vermögen betrug schätzungsweise eine halbe Milliarde Dollar. John F. besuchte erstklassige amerikanische und britische Schulen. Er studierte an der renommierten Harvard University, reiste viel und wurde zum weltgewandten jungen Mann, der die Menschen mit seinem intelligenten Charme beeindruckte. Nach einer vierzehnjährigen, nicht gerade glanzvollen Karriere als Abgeordneter und Senator im Kongreß gewann er im November 1960 mit einer hauchdünnen Mehrheit gegen Richard M. Nixon die Wahl zum Präsidenten der USA. Im November 1963, knapp ein Jahr vor dem Sturz Chruschtschows, wurde er unter nach wie vor ungeklärten Umständen ermordet.

Chruschtschow und sein 23 Jahre jüngerer Gegenspieler repräsentierten die damaligen Supermächte der Welt mit ihren massiven Interessengegensätzen und unterschiedlichen Wertvorstellungen in grundlegenden Fragen der Menschen- und Bürgerrechte, der Freiheit und Demokratie, des Eigentums und der sozialen Gerechtigkeit. Trotz aller Unterschiede gab es aber auch Gemeinsames und Verbindendes – mehr als nur das zeitgleiche Lenken ihrer Länder von Januar 1961 bis November 1963. Jeder von ihnen war auf seine Weise zutiefst überzeugt, daß die von ihm vertretene Wirtschafts- und Gesellschaftsordnung – die sozialistisch-zentralistische einerseits und die kapitalistisch-parlamentarische andererseits – der anderen weit überlegen sei. Beide verfügten aber über genügend Realitätssinn, um zu erkennen, daß Reformen im eigenen Land unumgänglich waren, auch wenn sie diese eher gemäßigt als radikal, mehr im Sinne gradueller Verbesserungen denn tiefgreifender, struktureller Veränderungen verstanden. Nur so könne man die kommunistische Verheißung einerseits, den amerikanischen Traum andererseits Wirklichkeit werden lassen.

Chruschtschows Reformen zielten darauf, das Land zu entstalinisieren. Terror, Massenrepressalien, Gewalt und Rechtlosigkeit galt es zu überwinden und eine den Idealen der revolutionären Arbeiterbewegung gemäße, als Rückkehr zu Lenin verstandene sozialistische Demokratie zu schaffen, die auf dem Enthusiasmus des Volkes beruhen und eine leistungsstarke Wirtschaft begründen sollte. Kennedys Reformen, sein Aufbruch zu neuen Grenzen (*New Frontier*), wollten den Rassismus und die Armut in den USA bekämpfen, die sich als mustergültige Demokratie verstanden und zu den reichsten Ländern der Erde gehörten. Chruschtschow und Kennedy setzten Veränderungen in Gang, die den Menschen auch außerhalb der Sowjetunion und der USA neue Hoffnungen gaben.

Seit ihren Amtsantritten 1953 und 1961 lösten sich beide nur zögernd von den Klischees des Kalten Krieges, der die internationalen Beziehungen dieser Jahre prägte. Beide dachten in den Kategorien militärischer Unter- oder Überlegenheit, des Prestiges, des Einflußgewinns oder -verlusts. Sie verstanden es, Macht dosiert, aber auch massiv einzusetzen, zu pokern, zu bluffen und in bestimmten Situationen die Flucht nach vorn zu wagen, um sich rechtzeitig wieder zurückzuziehen. Zunehmend fürchteten sie die Risiken eines militärischen Konflikts zwischen Ost und West, der einen amerikanisch-sowjetischen Atomkrieg nach sich hätte ziehen können. Sie wollten sich außen- und sicherheitspolitischen Fragen nüchterner als in den vorangegangenen Jahren zuwenden und Ansätze für ein neues Denken und Handeln finden. Die gegenseitig erhobenen rituellen Anklagen und »die selbstgefälligen Platitüden von der vollkommenen Tugend der einen Seite und der absoluten Verderbtheit der anderen« (Arthur M. Schlesinger) konnten ihrer Meinung nach nicht länger das Nonplusultra staatsmännischer Weisheit sein. Chruschtschow und Kennedy bemühten sich, die internationale Lage zu entspannen, doch einflußreiche politische, militärische und wirtschaftliche Hardliner beider Länder wehrten sich dagegen. Das zwang die Staatsmänner zum Manövrieren und Taktieren – und oft entgegen ihren Auffassungen zu entscheiden.

Der Erste Sekretär und der Präsident bewiesen bei allem Opportunismus Willensstärke, Entschlossenheit und persönliche Souveränität. Wenn ihnen ein Fehler unterlief, versuchten sie zumindest, diesen nicht zu wiederholen. Ihre Ausstrahlung und Überzeugungskraft schlug sich in ihren sehr verschiedenartigen rhetorischen

Begabungen nieder. Die Reden des Ersten Sekretärs waren meist lang und weitschweifig, aber getragen von spontaner Menschlichkeit, von Wärme und Mitgefühl, voller Witz und Bauernschläue, ausgeschmückt mit urwüchsigen Vulgarismen, archaisch-biblischen Wendungen, Lieblingsredensarten und Anspielungen auf russische Märchen oder Romane, oft revolutionär-pathetisch und theatralisch, häufig unbeherrscht, großsprecherisch und polternd. Die Reden des Präsidenten waren dagegen knapp und präzise, kühl und geistreich, eine Mischung aus geschäftsmäßiger Sachlichkeit und traditionellem Freiheits- und Demokratie-Pathos, geprägt durch intellektuelle Raffinessen und einen feinen, trockenen Humor.

Zwischen den beiden Lebensläufen gab es lange Zeit keine Überschneidungen. Als Chruschtschow 1953 Erster Sekretär des Zentralkomitees der KPdSU wurde, nahm sicherlich auch der gerade gewählte Senator Kennedy seinen künftigen Gegenspieler genauer ins Visier. Umgekehrt mußte Chruschtschow auf den jungen amerikanischen Politiker aufmerksam werden, als dieser sich 1956 vergeblich um die Vizepräsidentschaft bewarb. Drei Jahre später trafen sie sich zum ersten Mal persönlich, als der Erste Sekretär die USA besuchte und mit Mitgliedern des Außenpolitischen Senatsausschusses sprach. Beim nicht gerade harmonisch verlaufenden Gipfeltreffen der beiden Supermächte im Juni 1961 zeigten sich die großen Differenzen zwischen dem erfahrenen, auftrumpfenden Chruschtschow und dem jungen, charismatischen Kennedy.

Die Auseinandersetzungen der beiden Gegenspieler umfaßten drei Gebiete. Zum ersten hatten sie unterschiedliche ideologische Auffassungen von Freiheit und Demokratie, Menschenrechten und sozialer Gerechtigkeit. Zweitens glaubte jeder, die eigene Wirtschaftsordnung sei die überlegene und habe den Menschen mehr zu bieten. Die Außenpolitik – drittens – bot schließlich die Arena zum offenen Schlagabtausch. Im harten Machtpoker der beiden Supermächte zwischen Januar 1961 und November 1963 trugen Kennedy und Chruschtschow die Verantwortung dafür, daß die Welt im Verlauf der Kubakrise am Abgrund eines Atomkrieges stand.

1. Von Hütten und Palästen – der Hirtenjunge und das Königskind

»Ich begann zu arbeiten, als ich gerade zu laufen anfing. Bis zum fünfzehnten Lebensjahr hütete ich Kälber und Schafe und dann Kühe bei Gutsbesitzern. Dann arbeitete ich in einem Werk, dessen Besitzer Deutsche waren, danach in Bergwerken, die Franzosen gehörten.«

Nikita Chruschtschow

»Spiele nur, wenn du Mannschaftskapitän sein kannst.«
»Der zweite Platz gehört dem Verlierer.«

Lebensmaximen von Joe Kennedy für seinen Sohn John F.

Wie der kleine Pinja in einem bekannten russischen Märchen vom Bauernjungen zum Herrscher aller Reußen aufstieg, so wurde aus dem Sohn eines armen Land- und Grubenarbeiters der höchste Repräsentant der Weltmacht Sowjetunion. Als Nikita Sergejewitsch Chruschtschow seine Geschichte 1959 bei einem Staatsbesuch in den USA erzählte, brachte ihm das viel Sympathie ein, denn sie entsprach genau dem amerikanischen Mythos von der Karriere des Tellerwäschers, der nach ganz oben gelangt.

Am 17. April 1894 wurde Nikita Chruschtschow in Kalinowka in der Region Kursk geboren, einem kleinen Dorf unweit der Kohlegruben des ukrainischen Donezbeckens. Von seinen Vorfahren ist nur wenig bekannt. Bis zur Aufhebung der Leibeigenschaft unter Zar Alexander II. im Jahr 1861 waren die meisten von ihnen Unfreie, so auch seine beiden Großväter. Nikita Sergejewitsch wuchs zur Jahrhundertwende in einer Familie auf, in der die meisten weder lesen noch schreiben konnten: Vater Sergej Nikanorowitsch und Mutter Xenia Iwanowna waren wie Großvater Nikanor Sergejewitsch Analphabeten.

Vier Jahre nach Nikita wurde seine Schwester Irina geboren. Das Land, über das die Bauern verfügten, brachte zu wenig ein, um die Familien ernähren zu können. Die Getreideernte reichte oft nur bis Weihnachten. Vater Sergej Chruschtschow verließ daher jeden Winter seine Familie, um im erwähnten nahegelegenen Bergbaugebiet Arbeit zu finden. Als Nikita sechs Jahre alt war, verließ sein Vater endgültig das heimatliche Dorf, um als Zimmermann und Bergmann in einer Grube bei Jusowka zu arbeiten. Großvater, Mutter und die beiden Kinder blieben in Kalinowka, wo sie in einer winzigen Behausung aus Holz und *Saman*, einer Mischung aus Stroh, Torf und Lehm, lebten. Der Vater kam nur ab und zu nach Hause, um bei der Bewirtschaftung des Landes zu helfen. Nikita besuchte die Schule der russisch-orthodoxen Gemeinde seines Dorfes, in der ihn Priester vor allem in religiösen Fächern unterrichteten. Lesen lernte er an Texten der Heiligen Schrift, was seine erstaunliche Bibelfestigkeit erklärt, mit der er später als Erster Sekretär und Ministerpräsident gerne und häufig glänzte. Die von ihm oft erwähnte und Jahre später zu einem Besuch im Kreml eingeladene Lehrerin Lidija Michailnowa Schtschewtschenko bildete mit ihrem vorsichtig geäußerten Atheismus für ihn offenkundig ein Gegengewicht zu der religiös geprägten Erziehung in der Schule und in der Familie. Die etwa 80 Kinder im Dorf wurden während des Winters in drei Klassen in einem einzigen Raum unterrichtet. Vom Frühjahr bis zum Herbst mußten sie auf den Feldern arbeiten. Mit neun Jahren diente Nikita dem Gutsbesitzer des Dorfes als Hütejunge. Er verdiente pro Monat einen Rubel und 25 Kopeken. Außerdem erhielt er 30 Kilo Mehl, zwei Kilo Speck und anderthalb Kilo Salz, die zur Ernährung der Familie maßgeblich beitrugen. Als Nikita 14 Jahre alt war, verließ auch die Mutter mit den beiden Kindern das Dorf und zog zu ihrem Mann. Großvater Nikanor blieb in Kalinowka, von seinem Sohn mehr schlecht als recht unterstützt. Nikita fand erneut Arbeit als Hütejunge und Tagelöhner bei einem reichen Gutsbesitzer. Außerdem reinigte er für ein geringes Entgelt die Kessel des Bergwerks, während seine

Mutter als Wäscherin einige Kopeken hinzuverdiente. An seinem fünfzehnten Geburtstag wurde Nikita als Schlosserlehrling in einem Reparaturbetrieb aufgenommen, der einem Deutschen namens Bosse gehörte. Nach drei Jahren schloß er seine Lehre erfolgreich ab, doch man entließ ihn nur kurze Zeit später. Nikita war achtzehn Jahre alt und begann, sich gegen offenkundiges Unrecht zu wehren. 1912 hatte die zaristische Armee in den Goldgruben an der Lena streikende Arbeiter massakriert. Nikita sammelte Geld für die überlebenden Frauen und organisierte kurze Zeit später gemeinsam mit anderen einen Streik in den Bosse-Werken. Auf Betreiben der Polizei wurde er fristlos entlassen. Es dauerte lange, bis er wieder Arbeit in einer Grube fand, die Franzosen gehörte.

Während des Ersten Weltkrieges blieb Nikita als qualifizierter Schlosser und Monteur von einer Einberufung zur Armee verschont. Er heiratete 1914 mit zwanzig Jahren seine erste Frau Galina. Das Hochzeitsfoto zeigt einen eleganten jungen Mann im vermutlich geliehenen Frack mit Schleife. Er galt als unternehmungslustig, war dem Wodka nicht abgeneigt, liebte derbe Witze und spielte gerne auf der Harmonika. Mit Galina bekam er zwei Kinder, Leonid und Julia, doch es fiel ihm immer schwerer, den Lebensunterhalt der jungen Familie zu sichern. Immerhin mußte der Ernährer nicht in den Krieg ziehen. Er beteiligte sich an politischen Diskussionen und las die seit 1915 regelmäßig erscheinende *Prawda* und andere aufrührerische Literatur, zu deren Autoren auch ein gewisser Karl Marx gehörte.

Während in Rußland das Jahr der Oktoberrevolution anbrach, und Chruschtschow als junger Vater versuchte, seine Familie zu ernähren, kam am 29. Mai 1917 in Boston John Fitzgerald Kennedy als zweites von neun Kindern auf die Welt. Die Kennedys waren zwar eine reiche Familie, doch ihre Vorfahren hatten bittere Not gekannt. 112 Jahre bevor John F. Kennedy zum 35. Präsidenten der USA gewählt wurde, wanderten sein damals 25jähriger Urgroßvater Patrick Kennedy und seine spätere Frau Bridget Murphy von einem kleinen Dorf im Südosten Irlands nach Nordamerika aus. Sie gehörten zu den 1,2 Millionen Iren, die zwischen 1846 und 1854 ihre Heimat verließen, um der katastrophalen Hungersnot zu entgehen, die etwa eine Million Opfer forderte. Anfang 1849 gingen sie in Boston im Bundesstaat Massachusetts an Land. Dort gab zu jener Zeit die sogenannte »Mayflower-Aristokratie« den Ton an, eine angelsächsisch-protestantische Elite, deren Vorfahren 1620 mit der legendären Mayflower an der Nordostküste der Vereinigten Staaten gelandet waren. Sie schaute hochmütig auf die Neuankömmlinge aus Irland hinab, die nicht nur bettelarm und in der Mehrzahl Analphabeten, sondern zu allem Unglück auch noch katholisch waren. In der Familie Kennedy wurde 1858 nach vier Töchtern der erste Sohn geboren, Patrick Joseph, der Großvater des späteren amerikanischen Präsidenten.

Der zur zweiten Einwanderergeneration gehörende Patrick Joseph eröffnete einen Saloon und betrieb zusätzlich einen Groß- und Einzelhandel mit Spirituosen. Im Laufe der Zeit dehnte er seine geschäftlichen Aktivitäten auf Banken, Immobilien und den Bergbau aus. Er fing an, sich politisch zu engagieren, wurde mehrmals in das Repräsentantenhaus und zweimal in den Senat von Massachusetts gewählt. Damit begann der unaufhaltsame Aufstieg der Familie Kennedy. Sie stiegen aus der unteren Klasse der irischen Einwanderer in die irische Oberschicht auf. 1888 bekamen Patrick und seine Frau Mary ihren Sohn Joseph Patrick, genannt Joe. Der Vater von John F. Kennedy soll sich bereits als Student geschworen haben, bis zum 35. Geburtstag seine erste Million Dollar zu machen. Er übertraf sein Ziel, doch wie reich er wirklich wurde, wußte niemand genau zu sagen, vielleicht nicht einmal er selbst. Die Schätzungen liegen weit auseinander und differieren zwischen 200 und 500 Millionen Dollar. Von der Mayflower-Aristokratie herablassend als Emporkömmling behandelt, sah er im Geld die unbedingte Voraussetzung für gesellschaftliches Ansehen und politische Macht. Er heiratete die attraktive Tochter des wohlhabenden irischen Bürgermeisters von Boston, John F. Fitzgerald. Ihr erklärte er, daß er nach der »Freiheit, die das Geld bietet«, strebe. Und so führte ihn seine Karriere überall dorthin, wo es tatsächlich viel Geld zu verdienen gab. Er begann bei einer Bank, 1917 machte ihn dann der Stahlkonzern Bethlehem Steel zum Geschäftsführer der schnell expandierenden Fore River Werft. In der Nachkriegszeit verdiente er ein Vermögen mit Börsen- und Immobilienspekulationen, möglicherweise auch mit dem illegalen Spirituosenhandel in der Zeit der Prohibition. In der zweiten Hälfte der zwanziger Jahre stieg er in das boomende Filmgeschäft ein und wurde zu einem Hollywood-Magnaten. Selbst aus der Weltwirtschaftskrise von 1929 bis 1933 ging er mit Millionengewinnen hervor.

Der Selfmade-Plutokrat und Tycoon Joe Kennedy wurde zu einem aktiven Anhänger der Demokratischen Partei und ihres Präsidenten Franklin D. Roosevelt, der von 1932 bis 1944 viermal in dieses Amt gewählt wurde. Joes Engagement für dessen *New Deal*-Reformen dürfte mehrere Ursachen gehabt haben: Während das *big business* mit erstaunlicher Kurzsichtigkeit das sozialpolitische Krisenmanagement Roosevelts mehrheitlich ablehnte, da es angeblich direkt zum Kommunismus führe, dachte und handelte Joe Kennedy einmal mehr als Außenseiter. Er war sich der Gefahren bewußt, die der Gesellschaft aus einer anhaltenden Krise und einer weiteren Verarmung großer Teile der Bevölkerung drohten. Eine moderate Sozialpolitik des Staates sollte seines Erachtens dazu dienen, das herrschende und aus den Fugen geratene System wieder zu stabilisieren. Soziales Wohlfahrtsdenken war für ihn aber auch ein gottgewollter und gottgefälliger Ausgleich für die unumgängliche Skrupellosigkeit im Geschäftsleben. Schließlich setzte er darauf, durch das Eintreten für Roosevelt seinen wichtigsten Zielen näher zu kommen: gesellschaftlichem Einfluß und politischer Macht.

Im Präsidentschaftswahlkampf 1932 unterstützte er Roosevelt mit einer beträchtlichen Summe. Vier Jahre später trat er noch prononcierter für dessen Wiederwahl ein. »I'm for Roosevelt«, lautete der Titel einer in hoher Auflage vertriebenen Wahlkampfbroschüre, die sich Joe Kennedy von dem bekannten Kolumnisten der *New York Times*, Arthur Krock, hatte schreiben lassen. Unterstützung im amerikanischen Wahlkampf wird bei einem Sieg des Kandidaten üblicherweise mit Ämtern und Pfründen belohnt. Das erwartete selbstverständlich auch Joe Kennedy, und er war enttäuscht, als ihm kein seinen Vorstellungen entsprechendes Angebot unterbreitet wurde. Ohne die geringste Erfahrung in Außenpolitik und Diplomatie verlangte er für sich den gerade vakanten Posten des amerikanischen Botschafters am britischen Königshof. Roosevelt hielt dieses Ansinnen zunächst für einen Scherz und quittierte es mit schallendem Gelächter. Doch schließlich kam er nicht umhin, den reichen und ambitionierten Geldgeber zu befriedigen. Der Enkel irischer Einwanderer wurde amerikanischer Botschafter in London.

Joe trat seinen Posten 1938 an – kurz vor Ausbruch eines neuen Weltkrieges. Sein gelegentlich hemdsärmeliges Auftreten, das mehr dem Börsen- als dem diplomatischen Parkett entsprach, seine Abneigung gegen die Beamten des State Department und sein gering entwickeltes Verständnis für außenpolitische Nuancen sorgten für manches Aufsehen und manchen Skandal. Und Joe behielt seine antisemitischen Auffassungen – anders als andere – nicht für sich. Sein undiplomatisches Verhalten und seine Unerfahrenheit ließen ihn immer wieder mit dem Präsidenten aneinandergeraten. Vor allem aber lagen ihre Auffassungen von den Interessen der USA im Geflecht der internationalen Beziehungen weit auseinander. Für Roosevelt gab es längst keinen Zweifel mehr, daß das nationalsozialistische Deutschland eine massive Bedrohung der USA darstellte.

Daher wollte er das Land schrittweise gegen den Widerstand der Isolationisten im Kongreß und gegen eine kriegsunlustige Öffentlichkeit auf den unvermeidlichen Krieg vorbereiten. Joe Kennedy meinte dagegen, daß die westlichen Demokratien einerseits und die Diktaturen in Deutschland und anderen Ländern andererseits eine Form der Kooperation finden müßten. So unterstützte er nachdrücklich die Appeasement-Politik des britischen Premiers Neville Chamberlain, die auf Beschwichtigung gegenüber dem Deutschen Reich zielte. Als im Verlauf des Jahres 1940 endgültig klar wurde, daß dieses Konzept mit nicht nur für Großbritannien katastrophalen Auswirkungen gescheitert war, mußte Joe Kennedy den Botschafterposten räumen. Bis zu seinem Tod 1969 übte er kein bedeutendes politisches Amt mehr aus.

Sein unbändiger Ehrgeiz richtete sich nunmehr darauf, mit seinem Reichtum und mit allen ihm zur Verfügung stehenden Mitteln die politische Karriere seiner Söhne zu planen und zu organisieren. Seine eigenen Lebensmaximen prägten deren Erziehung: »Don't play unless you can be captain« (Spiele nur, wenn du Mannschaftskapitän sein kannst) und »Second place is failure« (Der zweite Platz gehört dem Verlierer). Joe Kennedy hatte zunächst für seinen ältesten Sohn, Joseph P. Jr., nach dessen Tod 1944 dann für John F. ein Ziel anvisiert, das ganz seinen Ambitionen entsprach: das Weiße Haus, das Amt des Präsidenten der Vereinigten Staaten von Amerika.

Schon als Jugendlicher interessierte sich John F. mehr für Politik als die meisten seiner Altersgenossen. Das war zweifellos das Verdienst des ehrgeizigen Vaters, der es liebte, mit seinen zwei ältesten Söhnen politische Streitgespräche am Familientisch zu führen. Damit John F. den Lebenstraum seines Vaters in die Wirklichkeit umsetzen konnte, benötigte er zunächst eine umfassende Bildung. Er wurde auf Reisen geschickt und begann 1936 mit dem Studium an der Harvard University. Zu diesem Zeitpunkt war Chruschtschow bereits Erster Sekretär der Moskauer Parteiorganisation. In den ersten Monaten nach Kriegsbeginn legte der junge Kennedy seine Abschlußarbeit zu einem Thema vor, für das er von seinem Vater bestens vorbereitet worden war: *Appeasement at Munich*. Im Juli 1940 – Chruschtschow war inzwischen Erster Sekretär der Kommunistischen Partei der Sowjetunion (Bolschewiki) in der Ukraine (vgl. dazu auch Anm. auf S. 163) – erschien eine erweiterte Fassung unter dem Titel *Why England Slept* (Warum England schlief). Auch hier dürfte Arthur Krock, der Ghostwriter von Joe Kennedys Wahlkampfbroschüre von 1936, an der Überarbeitung maßgeblich beteiligt gewesen sein. Der Autor machte nicht primär Chamberlain – und damit indirekt auch den eigenen Vater – für die gescheiterte Appeasement-Politik und deren Folgen verantwortlich, sondern die britische Demokratie, die – so Kennedy – ein rechtzeitiges Umschalten von Abrüstung auf die erforderliche Aufrüstung verhindert habe. Mit 80 000 in den USA und in Großbritannien verkauften Exemplaren wurde die Publikation in kurzer Zeit zu einem Bestseller. Die Hälfte der Auflage hatte allerdings insgeheim der Vater aufgekauft. Die Bücher wurden auf dem Dachboden und im Keller seines Hauses in Hyannisport gestapelt.

Doch nicht immer gelang es Joe, die Fäden im Leben seines Sohnes so erfolgreich zu ziehen: Im Alter von 20 Jahren erlitt John F. Kennedy, der schon von Geburt an Probleme mit einer zu schwach ausgebildeten Rückenmuskulatur hatte, beim Sport eine gefährliche Rückgratverletzung, die ihm zeit seines Lebens Schmerzen bereiten sollte. Beinahe hätte ihn diese Krankheit die Karriere gekostet, und Joes Traum wäre geplatzt.

2. Erfolgsgeschichte und Geschichte des Erfolges – Wege zur Macht

»Wir waren damals noch ungehobelte, ungebildete Arbeiter, aber wir strebten nach Bildung, wollten lernen, wie man den Staat lenkt, wollten eine neue Gesellschaft aufbauen und setzten alle Kräfte dafür ein, dies zu erreichen.«

Nikita Chruschtschow

»Die ›magische Kraft‹ auf unserer Seite ist das Verlangen jedes Menschen, frei zu sein, jeder Nation, unabhängig zu sein (...) Weil ich glaube, daß unser System der Natur des Menschen mehr entspricht, glaube ich, daß wir am Ende erfolgreich sind.«

John F. Kennedy

Nach der russischen Februar- und während der Oktoberrevolution von 1917 wurde der 23jährige Nikita Chruschtschow in verschiedene revolutionäre Komitees und in einen Sowjet von Arbeiterdelegierten gewählt, der menschewistisch dominiert war. Erst spät, im Frühjahr 1918, entschloß er sich, der Partei der Bolschewiki beizutreten, die von Wladimir Lenin geführt wurde. Armut und katastrophale Arbeitsbedingungen hatten ihn zunächst zum Rebellen mit vagen Vorstellungen gemacht. Jetzt wurde er zum zielstrebigen Revolutionär, der, wie er später in einer Anspielung auf Gorkis »Universität des Lebens« sagte, die »Universität der Gruben« durchlaufen hatte.

Die Hauptforderungen des Umsturzes vom 25. Oktober 1917 (nach dem neuen Kalender der 7. November) lauteten Frieden *und* Land für die Bauern. Die folgenden sechs Monate brachten, wie der Göttinger Historiker Manfred Hildermeier schreibt, »eine fundamentale Veränderung der Herrschafts-, Wirtschafts- und Sozialstruktur Rußlands. Die fraglos schwache Demokratie, die faktisch oft in bloßer Herrschaftslosigkeit bestand, verschwand ebenso wie der Parteienpluralismus. Banken und größere Unternehmen wurden enteignet, Adel und Bürgertum verjagt und durch die Legalisierung der bäuerlichen Landnahme sowie die Nationalisierung der Industrie ihrer materiellen Basis beraubt.« Vor diesem Hintergrund begann 1918 der mörderische Bürgerkrieg, in dem auch die USA, Japan, England und Frankreich Truppen gegen die Regierung von Wladimir Lenin einsetzten. Sie lieferten zudem Kriegsmaterial und stellten Geld zur Verfügung. Bald prägten die blutigen Auseinandersetzungen zwischen Anhängern und Gegnern der Revolution den entstehenden Staat mehr als die ursprünglichen Ideale und Ziele der Bolschewiki: Überwindung der russischen Rückständigkeit und Aufbau einer Gesellschaft freier und gleicher Menschen. Bis in die Zeit nach der Februarrevolution von 1917 waren Lenin und die anderen bolschewistischen Führer überzeugt, daß der Sozialismus in Rußland nicht unmittelbar möglich, sondern erst auf der Grundlage eines mehr oder weniger ausgereiften Kapitalismus zu entwickeln sei. Im April jenes Jahres setzte Lenin schließlich gegen den Widerstand in den eigenen Reihen durch, die Rückständigkeit des Landes durch eine sozialistische Umgestaltung ohne kapitalistisches Zwischenstadium zu überwinden. Dieses neue, bis dahin als abenteuerlich und nahezu anarchistisch geltende Konzept konnte allerdings nur gelingen, so Lenins Überzeugung, wenn es durch parallele Revolutionen zumindest in einigen der hochindustrialisierten Länder, vor allem in Deutschland, unterstützt werden würde. Die herbeigesehnten Revolutionen blieben aber bekanntlich aus.

Trotzdem gelang es den Bolschewiki, bis 1920/1921 ihre inneren und äußeren Feinde zu schlagen. Dabei verloren sie jedoch einen großen Teil der eigenen Anhänger und Sympathisanten. Um die hungernde Bevölkerung der Städte zu ernähren und die notwendigen Nahrungsmittel zu beschaffen, schreckte die neue Staatsmacht vor nichts zurück. Die Bauern versuchten, sich den Konfiskationen von Getreide und Vieh zu widersetzen, doch sie wurden teilweise von der gerade entstehenden Roten Armee niedergeschlagen. Und die sich rapide verschlechternden Lebensbedingungen der städtischen Bevölkerung ließen auch die Arbeiter zunehmend unzufriedener werden. Ihre Proteste, Streiks und Aufstände fanden meist ein blutiges Ende. Bolschewiki und Regierung glaubten, mit Druck, Zwang und Terror gegen beträchtliche Teile der Bevölkerung die Revolution retten zu können.

Am Ende des Bürgerkrieges war das Land verwüstet und versank in Chaos und Elend. Im Frühjahr 1921 produzierte die Industrie nur noch ein Zehntel ihres Wertes von 1913. Den meisten Arbeitern, Bauern und Intellektuellen ging es schlechter als in der Zeit des Zarismus. Die ehemals Besitzenden hatten fast alles verloren. Während der Hungersnot der Jahre 1921 und 1922 starben etwa drei bis fünf Millionen Menschen. Seit Oktober 1917 waren aber zugleich, wie

Hildermeier schreibt, »ein neuer Staat, eine neue Wirtschaftsordnung und eine neue Gesellschaft entstanden, die auch einer tiefgreifenden Veränderung des Denkens und der gesamten geistigen Welt den Boden bereiteten. Revolution und Bürgerkrieg schufen die Grundstrukturen dessen, was von der Partei mehr und mehr als Sozialismus bezeichnet wurde.«

Mit der sogenannten »Neuen Ökonomischen Politik« lockerte man von 1921 bis 1927/1928 schrittweise die wirtschaftlichen Zwangsmaßnahmen und gab dem Markt wieder ein größeres Gewicht. Privatunternehmer erhielten neue Arbeitsmöglichkeiten, die Konfiskationen von Vieh, Futtermitteln und Getreide hörten weitgehend auf. Wissenschaftlern, Technikern und Ökonomen gewährte man eine Reihe von Privilegien, die Rahmenbedingungen für ausländische Investoren verbesserten sich. Die Wirtschaft erlebte einen Aufschwung, so daß in der zweiten Hälfte der zwanziger Jahre wieder der Vorkriegsstand von 1913 erreicht werden konnte.

Der Machtapparat der streng zentralistisch ausgerichteten Bürokratie sollte hauptsächlich die Gegner der Revolution in Schach halten, doch er richtete sich zunehmend auch gegen andere Kreise der Bevölkerung. Obwohl eine Restauration des *Ancien régime* ein für allemal verhindert werden sollte, hielten mit Zentralismus und Repression alte zaristische Traditionen erneut Einzug. Die Einparteienherrschaft, die ursprünglich nicht zum Programm der Bolschewiki gehört hatte, galt bald als Norm und nicht mehr als Ausnahme. Mehrere und zum Teil eng miteinander zusammenhängende Faktoren begünstigten und förderten diese Entwicklung: Rußland war in politischer, ökonomischer, kultureller und zivilisatorischer Hinsicht rückständig. Die überwiegend bäuerliche Gesellschaft wies einen extrem hohen Anteil an Analphabeten auf. Als Folge des Ersten Weltkrieges und des Bürgerkrieges prägten materielle Zerstörungen und Gewaltbereitschaft das politische Klima im Land. Durch die fehlende bürgerlich-parlamentarische Erfahrung hatte man den autokratischen Traditionen aus der Zeit des Zarismus wenig entgegenzusetzen. Und auch das westliche Demokratie-Modell bot im Ersten Weltkrieg sowie in den Wirren der unmittelbaren Nachkriegszeit kein besonders nachahmenswertes Beispiel.

Die spezifische, historisch bedingte Situation der Sowjetunion in den zwanziger Jahren und die immer strengeren zentralistischen

Machtstrukturen in der regierenden Partei bildeten Hintergrund und Voraussetzung dafür, daß *ein* Mann immer mehr Macht in seiner Hand konzentrieren konnte: Josif Wissarionowitsch Stalin, Generalsekretär der Partei seit 1922. Seit Lenins Tod am 21. Januar 1924 war er – zunehmend macht- und sendungsbewußt – überzeugt, den einzig richtigen Weg in die Zukunft zu kennen. Innerhalb weniger Jahre gelang es ihm mit skrupelloser Brutalität, alle seine Rivalen, darunter Lew Trotzki, Grigori Sinowjew, Lew Kamenjew und Nikolai Bucharin, auszuschalten.

In der Sowjetunion der zwanziger und der beginnenden dreißiger Jahre existierte dennoch eine Reihe von Faktoren, die dem Trend nach mehr Zentralismus, zunehmender Gewalt und weniger Demokratie hätte entgegenwirken können. Nach wie vor beseelte Millionen Menschen innerhalb und außerhalb der Kommunistischen Partei der Wunsch nach einer neuen, gerechteren und menschlicheren Gesellschaft. Nach dem Sieg im Bürgerkrieg und nach dem Ende des sogenannten »Kriegskommunismus« wollten sie endlich ihre ursprünglichen Ideale verwirklicht sehen. Es herrschte Aufbruchstimmung – gekoppelt mit der Bereitschaft, große Opfer zu bringen, um die drückende Rückständigkeit zu überwinden. Die Menschen verlangten nicht nur nach materiellem Wohlstand, sondern auch nach Bildung und Kultur. Ältere, erfahrene Bolschewiki und kritische Vertreter der jüngeren Generation waren entschlossen, sich Stalin nicht bedingungslos unterzuordnen.

Der junge Chruschtschow stürzte sich mit Leidenschaft in die Auseinandersetzungen und Kämpfe seiner Zeit. Seit Anfang 1919 war er Soldat der Roten Armee im Bürgerkrieg. Aus der Sicht des Jahres 1959 erinnerte er sich: »Unsere Einheit stand am Kuban, und ich war im Hause einer gebildeten Familie einquartiert; die Hausherrin hatte das Institut für höhere Töchter in Petersburg absolviert. Ich aber roch wahrscheinlich noch nach Kohle, als ich in ihrem Haus wohnte …« 1922 kehrte Chruschtschow nach Jusowka zurück, den Ort seiner Jugend. Bereits ein Jahr zuvor war seine erste Frau Galina während einer Hungersnot gestorben. In seinen Memoiren fand er dafür nur einen knappen Satz: »Ihr Tod war ein schwerer Schlag für mich.«

Nikita stürzte sich in den Wiederaufbau der zerstörten Bergwerke, arbeitete als stellvertretender Leiter einer Grube und versuchte, sich an einer Arbeiterfakultät weiterzubilden. In seinen Memoiren verhehlt er nicht, daß die Arbeiter im Donezbecken nach dem Bürgerkrieg schlechter lebten als vor der Revolution: »Doch die meisten von uns nahmen diese Entbehrungen auf sich, weil wir einsahen, daß wir unsere Kräfte bis zum äußersten anspannen mußten, wenn wir das Land so rasch als möglich industrialisieren wollten. Und wenn wir überleben wollten, mußten wir die Kapitalisten einholen. Wer dieses Ziel erreichen wollte, kam gelegentlich nicht mit materiellen Opfern aus, er mußte auch moralische Grundsätze opfern.«

Chruschtschow heiratete 1924 seine zweite Frau Nina Petrowna, mit der er bis zu seinem Tode zusammenlebte. Sie begleitete ihn später oft bei seinen Auslandsreisen als Erster Sekretär und trat in der Öffentlichkeit als herzliche und natürlich wirkende Frau auf. Ein Jahr nach der Heirat wurde Chruschtschow KP-Sekretär des Distrikts Petrowsko-Marinsk und widmete sich damit endgültig hauptberuflich der Parteiarbeit. 1928 übernahm er neue Aufgaben im Zentralkomitee der ukrainischen KP in Charkow, der damaligen Hauptstadt der Ukraine. Seine steile politische Karriere hatte begonnen und führte ihn schließlich 1935 an die Spitze der Stadt- und der Gebietsparteiorganisation von Moskau.

1925 nahm er als Delegierter mit beratender Stimme am XIV. Parteitag der KPdSU (B) in der Hauptstadt teil und war begeistert von Stalins Konzept des »Sozialismus in einem Land«, das die Entwicklung der Sowjetunion vorantreiben wollte, ohne die ersehnten Umstürze in den westlichen Ländern abzuwarten. Auf dem darauffolgen den XV. Parteitag stimmte Chruschtschow 1927 mit der überwältigenden Mehrheit für die Auffassungen Stalins und wandte sich damit gegen die interne Opposition. Er dürfte allerdings kaum genauere Vorstellungen von den Auseinandersetzungen und den unterschiedlichen Konzepten gehabt haben, die in jenen Tagen kursierten: Seine Theorie des Marxismus war geradlinig, einfach, manchmal vereinfachend, mit klaren, eindeutigen Antworten auf alle Fragen. Chruschtschow war fest davon überzeugt, daß Stalin aus dem rückständigen Rußland eine moderne Industriemacht und eine bisher nie dagewesene Gesellschaft ins Leben rufen würde, auch wenn dieser Prozeß schmerzhaft und qualvoll verlaufen mußte. Jeder, der Stalin nicht uneingeschränkt vertraute, stand für ihn auf der anderen Seite der Barrikade. So profilierte sich Chruschtschow zunehmend als energischer, dynamischer Praktiker und Pragmatiker, als Tatmensch und Antreiber.

Ende der zwanziger Jahre wurden in der Sowjetunion vor allem zwei Fragen kontrovers diskutiert: Wie und in welchem Tempo sollte das Land industrialisiert werden, und welche Bedeutung hatte dabei die nach wie vor auf Privateigentum basierende, rückständige Landwirtschaft? Die Führung des Landes sah sich wiederum vor zwei Alternativen gestellt: entweder eine behutsame, über mehrere Jahrzehnte reichende Industrialisierung, mit der die UdSSR für einen langen Zeitraum ökonomisch schwach und damit bei einer Bedrohung von außen leicht verwundbar gewesen wäre; oder eine »Industrialisierung durch Gewalt – durch eine zweite Revolution, die sich diesmal nicht von unten her erhob, sondern durch die Staatsgewalt von oben verhängt wurde«. Gegen den Widerstand in den eigenen Reihen, der vor allem von dem später hingerichteten Nikolai Iwanowitsch Bucharin ausging, entschied sich Stalin für die zweite Variante. Als Chruschtschow 1929 seine bisherigen Posten in der Ukraine aufgab und in die Hauptstadt Moskau zog, war der erste Fünfjahresplan der beschleunigten Industrialisierung bereits verabschiedet.

Stalin zwang Millionen Bauern dazu, ihre Höfe in kürzester Zeit aufzugeben und sich in Kolchosen zusammenzuschließen. Der verzweifelte Widerstand der Landbevölkerung, von der Teile gerade erst durch die Agrarreform der Bolschewiki eigenen Boden erhalten hatten, wurde vom Militär grausam gebrochen. Chruschtschow schrieb später, daß »die stalinsche Methode der Kollektivierung (...) uns nichts als Elend und Brutalisierung gebracht« hat. Die Folge war, daß Agrarproduktion und Viehbestände bis 1933 – verglichen mit der Zeit unmittelbar vor der Kollektivierung – um mehr als die Hälfte zurückgingen. Millionen von Menschen verhungerten oder kamen durch Deportationen und andere Repressalien um.

Im Februar 1931 erläuterte Stalin sein Konzept der zwei Jahre vorher begonnenen brachialen Industrialisierung: »Die Geschichte des alten Rußlands bestand unter anderem darin, daß es wegen seiner Rückständigkeit fortwährend geschlagen wurde (...) Wir sind hinter den fortgeschrittenen Ländern um 50 bis 100 Jahre zurückgeblieben.

Wir müssen diese Distanz in zehn Jahren durchlaufen. Entweder bringen wir das zuwege, oder wir werden zermalmt.«

Nach dieser Frist von einem Jahrzehnt verfügte die Sowjetunion über eine starke Schwer- und eine eigene Maschinenbauindustrie, über eine Chemieproduktion und eine beachtenswerte Rüstungsindustrie. Hüttenkombinate und Wasserkraftwerke, Traktoren- und Landmaschinenfabriken, Auto- und Flugzeugwerke wurden im wahrsten Sinne des Wortes aus dem Boden gestampft. Es entstanden Eisenbahnlinien, künstliche Wasserstraßen, ganze Städte, dazu Forschungsinstitute und ein weitverzweigtes Netz von Universitätseinrichtungen. Am Ende der dreißiger Jahre rückte die Sowjetunion mit dem Gesamtvolumen ihrer Industrieproduktion auf den ersten Platz in Europa und nach den USA auf den zweiten Platz weltweit. Das Land wurde zu einer industriellen Großmacht – allerdings mit einer schwachen Infrastruktur, geringer Arbeitsproduktivität und -effektivität, dazu unter einer hohen Störanfälligkeit, mangelnder Flexibilität, kaum qualifizierten Arbeitern und Angestellten sowie wenigen ausgebildeten Führungskräften leidend.

Der bis zum Ende der dreißiger Jahre erreichte wirtschaftliche Fortschritt war nichtsdestotrotz gewaltig, ebenso gewaltig aber war auch der Preis, den die Bürger des Landes dafür zahlen mußten. Und auf der Strecke blieb jenes, wofür die Bolschewiki in der Oktoberrevolution eigentlich angetreten waren: Gerechtigkeit und Brüderlichkeit, die Würde des Menschen, geistige und politische Freiheit. Mit dem »großen Sprung« wurde die primitive Rückständigkeit mit wiederum primitiven Mitteln und Methoden einer neuen Barbarei aufgeholt: Die Bürger der Sowjetunion führten in jenen Jahren ein Leben zwischen Hoffnung und Enttäuschung, Begeisterung und Verzweiflung, Mut und Angst. Millionen Analphabeten lernten lesen und schreiben, mehr als eine Million Menschen erhielt eine Fach- oder Universitätsausbildung. Tausende sahen zum ersten Mal einen Film oder besuchten ein Theater, lasen Literatur und sahen Kunst. Andererseits wurden Wissenschaft und Kultur in enge ideologische Schranken verwiesen und freies, schöpferisches Denken unterdrückt. Wie selten zuvor in der Geschichte prallten Zukunft und Vergangenheit, Fortschritt und Rückschritt, Aufklärung und Obskurantismus, humanistische Ideale und unmenschliche Praktiken mit ungeheurer Wucht aufeinander. Die Geister der zaristischen

Vergangenheit, die das neue Rußland endgültig vertreiben wollte, kehrten in neuem Gewand zurück. Die Dämonen der Gewalt und Brutalität, die in benachbarten Ländern mit dem aufkommenden Faschismus, dem erstarkenden Militarismus und einer Reihe regional begrenzter Konflikte das Leben der Menschen bedrohten, trieben ihr Unwesen auch in der UdSSR.

Zum dunkelsten und tragischsten Abschnitt in der Geschichte der Sowjetunion zählen die Jahre 1935 bis 1938. Der sogenannte »Große Terror« hatte verheerende Auswirkungen auf das gesamte Land und brachte maßloses Leid über seine Bevölkerung. Und die Massenrepressalien trugen zum Teil irrationale Züge: Die »Säuberungen« genannten Morde und Schauprozesse betrafen zunächst die zu diesem Zeitpunkt bereits weitgehend einflußlosen Oppositionellen der zwanziger und der beginnenden dreißiger Jahre. Dann erfaßten sie alle, die etwas andere Vorstellungen vom künftig einzuschlagenden Weg des Landes hatten, um schließlich die gesamte alte Garde der Kommunistischen Partei zu treffen. Am Ende verschlang der Terror selbst zahlreiche ergebene Anhänger Stalins, und keine Klasse, Gruppe oder Schicht der sowjetischen Bevölkerung blieb davon verschont. Die Repressalien richteten sich gegen Mitglieder und Nichtmitglieder der regierenden Partei, gegen Arbeiter, Bauern, Angestellte und Angehörige der ehemals besitzenden Schichten, gegen Wissenschaftler und Künstler, Mitarbeiter der Partei- und Staatsbürokratie sowie des Unterdrückungsapparates – und nicht zuletzt gegen die Führung der sowjetischen Streitkräfte. Stalin wollte offenkundig nicht nur seine wirklichen oder vermeintlichen Gegner, sondern auch deren gesamtes Umfeld vernichten, sämtliche potentielle Zentren eines denkbaren Widerstandes, all diejenigen, die ihn vielleicht irgendwann irgendwo hätten behindern können.

1929 – Industrialisierung und Kollektivierung hatten gerade erst begonnen – zog Chruschtschow also nach Moskau und ließ sich an die Industrieakademie delegieren. Bald sollte er als Sekretär die Parteiorganisation dieser Bildungseinrichtung leiten. Unter seinem Einfluß wurde aus einem oppositionellen Zentrum bald eine »Hochburg der Stalinisten«. Hier lernte er Nadjeschda Sergejewna Allilujewa kennen, die Frau Stalins, die ihn wiederholt zu sich und zu ihrem Mann in die Wohnung einlud. 1932 nahm sie sich das Leben – offenbar aus Verzweiflung über die zunehmende Gewaltherrschaft im Lande. Chruschtschow verließ 1931 ohne Abschluß die Industrieakademie, da es verantwortungsvollere Posten zu übernehmen galt. Zunächst machte man ihn zum Ersten Sekretär in einem Stadtbezirk, kurze Zeit später zum Zweiten Sekretär des Moskauer Stadtparteikomitees. Schließlich wurde er 1935 Erster Sekretär des Stadt- und des Gebietskomitees der Hauptstadt. Der XVII. Parteitag berief den Vierzigjährigen schließlich in das Zentralkomitee der KPdSU (B).

Seit 1935 trug Chruschtschow die Hauptverantwortung für den Bau der legendären Moskauer Metro. Dabei unterstanden ihm nicht nur die Freiwilligen der Jugendorganisation Komsomol, sondern auch die Zwangsarbeiter, die in die Fänge der Geheimpolizei NKWD geraten waren. Als Redner auf Massenversammlungen ließ er keine Möglichkeit ungenutzt, sein großes Vorbild Stalin zu preisen, und er forderte öffentlich die Todesstrafe für Angeklagte in Schauprozessen. In einer Veranstaltung rief er dazu auf, vor allem die maskierten »Volksfeinde« zu entlarven: »Manchmal sitzt einer da, von Feinden umschwärmt, die ihm fast an den Beinen hochkriechen, aber er bemerkt sie nicht und denkt selbstgefällig, daß es in seiner Organisation keine Saboteure, keine fremden Elemente gibt. Diese Einstellung ist die Folge von Taubheit, politischer Blindheit, idiotischer Nachlässigkeit; sie rührt keineswegs daher, daß es an Feinden fehlte.« Jahre später räumte er ein, daß er auf Verlangen Stalins auch zahlreiche Todesurteile mit unterschrieben hatte. Im Unterschied zu Wjatscheslaw Molotow, Georgi Malenkow, Michail Kaganowitsch und Lawrenti Berija gehörte er allerdings nicht zu den exponierten Initiatoren, Einpeitschern und Fanatikern des Terrors. Wie tief Chruschtschow dennoch in die Politik Stalins und dessen Verbrechen verstrickt war, zeigte der Auftrag, den er seit 1938 als Erster Sekretär des KP-Zentralkomitees der Ukraine übernahm: Chruschtschow sollte in dieser wichtigsten Industrieregion und Kornkammer der UdSSR die »Säuberungen« abschließen, den völlig zerschlagenen Parteiapparat neu aufbauen und die gesamte Sowjetrepublik russifizieren. Er muß seinen Aufgaben ordnungsgemäß nachgekommen sein, denn bereits auf dem XVIII. Parteitag 1939 wählten ihn die Mitglieder des Zentralkomitees in das Politbüro, das höchste politische Gremium des Landes.

Es lag wohl in der unberechenbaren Natur Stalins, daß Chruschtschow trotz seiner hohen Ämter nicht in die außenpoliti-

»... ließ er keine Möglichkeit ungenutzt, sein großes Vorbild Stalin zu preisen«: 1936 – zur Hochzeit des Terrors und der »Säuberungen« – applaudiert Chruschtschow dem unberechenbaren Diktator nach einer Rede.

schen Grundsatzentscheidungen einbezogen wurde, die am Vorabend und in der Anfangsphase des Zweiten Weltkrieges zum deutsch-sowjetischen Nichtangriffsvertrag mit seinem geheimen Zusatzabkommen führten. Als Mitglied des Kiewer Militärrates nahm er allerdings an den Vorbereitungen für die am 17. September 1939 beginnende Besetzung der westlichen Ukraine teil. Als erster Mann der ukrainischen Sowjetrepublik war er verantwortlich für die mit äußerster Härte durchgesetzte Sowjetisierung dieser Region.

Am 22. Juni 1941 fiel die deutsche Wehrmacht in die Sowjetunion ein, und sie traf auf ein Land, das sich strategisch und militärisch in einer äußerst schwierigen Lage befand: Zwar war ein großer Teil der an sich begrenzten Mittel in den vorangegangenen Jahren zur Stärkung der Streitkräfte und zum Aufbau der Rüstungsindustrie verwendet worden, doch die Verhaftung und Ermordung großer Teile der Armeeführung machten das Erreichte wieder weitgehend zunichte. Die Annexion von Teilgebieten Polens, Finnlands und Rumäniens sowie der Anschluß der baltischen Staaten an die UdSSR 1939/1940 hatten die strategische Lage verbessert, schadeten aber wiederum dem internationalen Ansehen der Sowjetunion. Stalin hatte geglaubt, den drohenden deutschen Überfall doch noch mit diplomatischen Mitteln abwenden oder wenigstens um ein Jahr aufschieben zu können. Seine Fehleinschätzung der Lage war *ein* Grund für die katastrophalen Niederlagen in der Anfangsphase des Krieges. Es kam zu einem militärischen Debakel, als Stalin und die oberste Führung der Streitkräfte in völliger Verkennung der tatsächlichen Kräfteverhältnisse den Truppen befahlen, sofort zur Gegenoffensive überzugehen anstatt zur strategischen Verteidigung.

Nach dem Kriegseintritt der USA im Dezember 1941 kam John F. Kennedy zunächst aufgrund seines Rückenleidens für den Militärdienst nicht in Frage. Schließlich wurde er dann doch zur Navy einberufen, die ihn für den Einsatz auf speziellen Mini-Schnellbooten ausbildete. Hier erhielt er zum ersten Mal die Gelegenheit, unabhängig vom Vater seine Fähigkeiten unter Beweis zu stellen. Anfang 1943 übernahm er den Befehl über das Boot PT 109, das kurze Zeit später bei einem Einsatz im Südpazifik von einem japanischen Zerstörer gerammt wurde und in Flammen aufging. Zwei Besatzungsmitglieder starben, die Überlebenden konnten sich auf eine Insel retten. Dabei zog Kennedy einen schwerverletzten Matrosen hinter sich her und rettete ihn so vor dem sicheren Ertrinken. Die Schiffbrüchigen wurden nach einigen Tagen geborgen. Im Verlauf der späteren politischen Karriere Kennedys entstand daraus der »Mythos vom Helden des PT 109«. Allerdings ließ sich nicht verheimlichen, daß die Katastrophe vermeidbar gewesen wäre, wenn Kennedy als Kommandant des Bootes elementare militärische Vorschriften eingehalten und für die erforderliche Alarmbereitschaft der Mannschaft gesorgt hätte. Die Prellungen, die er beim Zusammenstoß seines Schiffes mit dem japanischen Zerstörer erlitt, die Strapazen bei der Rettung des verwundeten Kameraden sowie der lange Aufenthalt im Wasser verschlimmerten sein bereits vorhandenes Rückenleiden. Das verursachte in den folgenden Jahren ständige, zeitweise unerträgliche Schmerzen und machte mehrere komplizierte Operationen erforderlich. Zwei Jahre nach dem Krieg wurde bei John F. zudem die Addisonsche Krankheit diagnostiziert, eine gefährliche Erkrankung der Nebenniere. Es folgten erneut lange Phasen zweifellos qualvoller Zustände sowie eine Reihe komplizierter Eingriffe.

Krankheit und Tod waren verläßliche Begleiter der Familie Kennedy auf ihrem Weg an die Spitze des Landes: 1944 fiel der älteste Sohn Joseph P., Jr. in Frankreich. Kathleen, die Lieblingsschwester John F. Kennedys, kam 1948 bei einem Flugzeugabsturz ums Leben. Eine weitere Schwester, Rosemary, erkrankte schwer und mußte in einem Pflegeheim untergebracht werden. Doch die Familie wollte

Beiden späteren Kontrahenten brachte das Jahr 1943 einschneidende Kriegserlebnisse: John F. Kennedy (mit Bruder Joseph, der 1944 fällt) wurde mit seinem Schnellboot im Pazifik versenkt und später zum »Helden des PT 109« ausgerufen.

trotz aller Tragödien nach außen immer geschlossen und harmonisch wirken – und tat dies auch, um den hochgesteckten Plänen des Vaters gerecht zu werden.

Von 1941 bis 1943 – dem Jahr von Kennedys pazifischem Abenteuer – saß Chruschtschow als Vertreter des Politbüros in verschiedenen Militärräten, zuletzt im Rang eines Generalleutnants. Zu den Kommandeuren der kämpfenden Truppen hatte er ein gutes Verhältnis und stellte sich wiederholt hinter sie, wenn es Auseinandersetzungen mit der Moskauer Führung gab. Da er sich häufig in der vordersten Linie aufhielt, genoß er auch den Respekt der Militärs. Es war

Nikita Chruschtschow durfte die Befreiung »seiner« Sowjetrepublik erleben und mit den sowjetischen Truppen in Kiew einmarschieren.
(Stehend hinter Chruschtschow der sowjetische Filmproduzent Alexander Dowschenko.)

zweifellos bitter für ihn, miterleben zu müssen, wie die Wehrmacht innerhalb kurzer Zeit die Ukraine überrannte, ganze sowjetische Armeen in Kesselschlachten vernichtete – und wie ausgerechnet in *seiner* Sowjetrepublik die deutschen Truppen anfangs als Befreier begrüßt wurden. Die blutigen Kämpfe zur Verteidigung Stalingrads erlebte er als politischer Berater des Marschalls Andrej Jeremenko. Im Sommer 1943, während der gewaltigen Panzerschlacht im Kursker Bogen, arbeitete er eng mit dem Befehlshaber der Woronesh-Front zusammen, Generalleutnant N. F. Watutin – und zog schließlich im November 1943 mit den vorrückenden sowjetischen Truppen in Kiew ein. Kurze Zeit später war sein Militärdienst beendet.

Die Rote Armee konnte – wie bekannt – letztlich dem Ansturm der Wehrmacht standhalten. Und sie band von 1941 bis 1945 den größten Teil der deutschen Truppen. Wirtschaftlich von den USA und Großbritannien unterstützt, trugen die sowjetischen Streitkräfte damit entscheidend zum Sieg über das nationalsozialistische Deutschland bei. Eine Niederlage der UdSSR wäre auch für die strategische Lage der Westmächte verheerend gewesen. Und so war am Ende des Zweiten Weltkrieges das internationale Ansehen der UdSSR so hoch wie nie zuvor. Aus dem schrecklichsten aller bis dahin geführten Kriege war sie politisch, militärisch und moralisch gestärkt hervorgegangen und stieg zur zweiten Weltmacht auf. Den ersten Platz belegten nach wie vor die USA, die der Sowjetunion vor allem wirtschaftlich haushoch überlegen waren und zudem unter keinerlei Zerstörungen im eigenen Land leiden mußten. Während die militärische Stärke der Vereinigten Staaten vor allem auf ihren

Luft- und Seestreitkräften sowie dem Atomwaffenmonopol beruhte, konnte sich die Sowjetunion in erster Linie auf ihre überlegenen Landstreitkräfte stützen. Regierung und Öffentlichkeit in den Ländern der Antihitlerkoalition würdigten fast euphorisch den sowjetischen Beitrag zum Sieg über den Faschismus. Selbst Stalin wurde daheim sowie im Ausland in einem neuen Licht gesehen. Die »Säuberungen«, Repressalien und Schauprozesse von 1935 bis 1938 schienen der Vergangenheit anzugehören. Respekt fanden nunmehr sein starker Wille, seine Härte und seine Durchsetzungskraft. Seine Schwäche und sein Versagen in den ersten Tagen nach dem Einmarsch der Wehrmacht waren vor der Öffentlichkeit verborgen geblieben. Jetzt erkannte man vor allem seine Fähigkeit, angesichts der

Entscheidung zwischen Untergang und Sieg alles auf *ein* Ziel konzentriert, die Bevölkerung mobilisiert und gleichzeitig erfolgreich diszipliniert zu haben. Churchill und besonders Roosevelt würdigten den Pragmatismus Stalins, mit dem er sich den komplizierten Fragen der internationalen Beziehungen zuwandte. Einflußreiche Kreise in vielen Ländern, auch in den USA, waren überzeugt, daß eine Kooperation zwischen den Mächten der Antihitlerkoalition auch in der Nachkriegszeit möglich sein würde.

John F. Kennedy kehrte zum Kriegsende in ein Land zurück, das sich eindeutig verändert hatte: Die USA gingen politisch und militärisch, wirtschaftlich und moralisch aus dem Krieg gestärkt hervor. Und sie wurden endgültig *die* Weltmacht – mit mehr als fünfzig Prozent der Weltindustrieproduktion im eigenen Land verfügten sie mit Abstand über das größte Wirtschaftspotential. Dazu konnten sich die Vereinigten Staaten wie bereits beschrieben auf die stärksten Luft- und Seestreitkräfte sowie auf ihr Atomwaffenmonopol stützen. Doch daraus resultierten auch Fragen von ungeheurer Tragweite: Wie konnte und sollte die bis dahin beispiellose Macht des Landes strategisch eingesetzt werden? Was war erforderlich, um die von den Völkern ersehnte und in der Charta der Vereinten Nationen als Zielvorstellung proklamierte friedliche Nachkriegsordnung Wirklichkeit werden zu lassen? Würden die zwei Weltmächte, trotz scharfer Interessengegensätze, willens und fähig sein, einen *Modus vivendi* zu finden? Die Sowjetunion stützte sich primär auf militärische, nicht auf wirtschaftliche Stärke – obwohl sie sich gerade auf diesem Feld als einzige Alternative zum Kapitalismus und als Zentrum einer internationalen revolutionären Bewegung sah.

Nach dem Krieg formulierten unterschiedliche Kräfte der amerikanischen Gesellschaft ihre divergierenden Vorstellungen von der Zukunft des Landes. Auf der einen Seite der breitgefächerten politischen Skala standen Linke und linksliberale Kreise der Demokratischen Partei sowie die im Congress of Industrial Organizations (CIO) zusammengeschlossenen Gewerkschaften. Sie forderten den nächsten progressiven Schritt, eine Weiterführung des *New Deal.* Die Wunschliste war lang: Vollbeschäftigung, Gesundheitsversicherung, einkommensunabhängiger Zugang zu Bildungseinrichtungen, damit verknüpft Chancengleichheit für alle, mehr soziale Sicherheit und Überwindung der Armut durch gerechtere Verteilung des Reichtums sowie der daraus abgeleiteten politischen Macht, dazu die Überwindung der Diskriminierung ethnischer Minoritäten und – last but not least – die Gleichberechtigung der Geschlechter. Das Ziel war letztlich eine menschlichere, sozialere, stärker auf Gerechtigkeit setzende Wirtschaftsordnung mit einer über die Wahlbeteiligung hinausgehenden politischen Teilnahme der Bevölkerung – kurzum: mehr Demokratie. Viele Amerikaner standen solchen Überlegungen durchaus offen gegenüber. Der Einsatz vieler Leben in einem Krieg, der für ebenjene Werte geführt worden war, stand im offenkundigen Widerspruch zur bitteren Realität der vorangegangenen Jahre, die von massiver sozialer Ungerechtigkeit geprägt war.

Am anderen Ende der politischen Skala standen konservative Kreise, die vor allem durch den rechten Flügel der Republikanischen Partei vertreten und von einer Mehrheit des *big business* unterstützt wurden. Sie hatten bereits die Reformpolitik Roosevelts als zu weitgehend abgelehnt und verlangten jetzt die Rückkehr zur »Normalität« der Zeit vor der *great depression.* Der *New Deal*-Staat sollte, wenn schon nicht ganz beseitigt, so doch in ihrem Sinne umgestaltet werden. Weder linksliberale und linke noch konservative und ultrarechte Vorstellungen fanden in der Nachkriegszeit die erforderlichen Mehrheiten. Die innenpolitische, wirtschaftliche und soziale Entwicklung vollzog sich vielmehr in einem gemäßigten Zwischenraum. Dies geschah vor dem Hintergrund eines rapiden, in diesem Tempo von niemandem erwarteten ökonomischen Aufschwungs in der zweiten Hälfte der vierziger und fünfziger Jahre. »Wachstum« galt als Schlüsselbegriff und erschien Liberalen wie Konservativen als einmalige Lösung beinahe aller Probleme. Nicht länger die Umverteilung von Einkommen und Reichtum, sondern die forcierte Mehrung des nationalen Wohlstandes erhielt die höchste Priorität. Schnelles Wachstum, so das liberale Credo jener Tage, sei die entscheidende Voraussetzung für mehr soziale Gerechtigkeit. Die wichtigste Aufgabe der Regierung sollte demzufolge darin bestehen, die ökonomische Entwicklung zu beschleunigen. Durch diese Sicht der Dinge wandelte sich der kämpferische Liberalismus der *New Deal*-Ära in den moderaten, wachstumsorientierten und pragmatischen Liberalismus der Nachkriegszeit. Auch für die Konservativen stand ökonomisches Wachstum naturgemäß im Zentrum aller Überlegungen, im Unterschied zu den Liberalen wollten sie aber deutlich »weniger Staat«. Sie glaubten, die Wirtschaft würde sich ohne »Regierungseinmischung« am besten und gesündesten entwickeln. Tatsächlich verlor die Demokratische Partei in der zweiten Hälfte der vierziger Jahre gegenüber den Republikanern an Attraktivität, der Einfluß konservativer Sichtweisen nahm zu.

Die Sowjetunion konnte zwar auch einen Sieg feiern, aber sie lag in Trümmern. Als Erster KP-Sekretär der Ukraine, seit 1944 auch noch als Chef der ukrainischen Regierung, war es Chruschtschows Aufgabe, den Wiederaufbau der zerstörten Industrie und der verwüsteten Landwirtschaft zu organisieren. Der Preis, den die Sowjetunion für ihren Triumph über die Wehrmacht zahlen mußte, war unermeßlich hoch gewesen: Weit mehr als 20 Millionen Tote, ungezählte Verletzte und Krüppel zeugten von der Brutalität und Zerstörungskraft des Zweiten Weltkriegs. Was die Bürger des Landes unter großen Opfern und Entbehrungen geschaffen hatten, war während der Kämpfe in Schutt und Asche gelegt worden. Der durchschnittliche Lebensstandard, am Ausgang der dreißiger Jahre endlich leicht gestiegen, fiel erneut auf ein erschreckendes Niveau. Die Menschen waren am Ende ihrer Kräfte. Sie litten Hunger und bittere Not, wohnten in Ruinen und Erdlöchern – Erschöpfung, Hoffnungslosigkeit und Lethargie schienen zunächst um sich zu greifen. Doch der Sieg schuf auch neues Selbstbewußtsein. Der Wunsch, das zerstörte Land möglichst schnell wieder aufzubauen, sorgte für Aufbruchstimmung. Nach den Leiden und Qualen des Krieges, den bestandenen Prüfungen und dem Sieg über das hochindustrialisierte Deutschland sollte nichts mehr unmöglich sein. Alles könne nur besser werden, befand man – und besann sich auf die Träume der Anfangszeit: ein gerechteres Leben in einer sozialistischen Demokratie samt der Verwirklichung der humanistischen Ideale der Oktoberrevolution. Gleichzeitig hoffte man, daß die Sowjetunion als gleichberechtigtes und kooperatives Mitglied der Vereinten Nationen ihren Platz im Zusammenspiel der internationalen Akteure finden würde.

Eine Zeitlang schienen Stalin und die von ihm abhängige Führungsgruppe, zu der auch Chruschtschow gehörte, an solche Erwartungen anzuknüpfen – und die damit verbundenen Chancen zu nutzen. Doch schnell zeigte sich, daß Moskau und Washington ihre ideologischen Gegensätze nicht überwinden konnten und wollten – zu unterschiedlich waren die machtpolitischen Ziele und Interessen. Aus der Kooperation der Antihitlerkoalition wurde die Konfrontation des Kalten Krieges. Alle hochgesteckten Hoffnungen auf einen Wandel in der Sowjetunion erwiesen sich endgültig als Illusion. Stalin entschied sich dafür, den Neuaufbau erneut mit Druck und Gewalt zu erzwingen. Der verständlichen Erschöpfung begegnete er mit unerbittlicher Härte: Wieder bestimmten Verhaftungen, Terror und Mord das politische Klima des Landes. Eine auf drakonischen Strafen beruhende Arbeitsdisziplin drohte mit Deportation und Lager. Mißtrauen und Verdächtigungen hielten wieder Einzug, Machtmißbrauch und Personenkult prägten Alltag und politische Kultur.

Die in den ersten drei Nachkriegsjahren erzielten wirtschaftlichen Erfolge waren dennoch beeindruckend. Die industrielle Produktion stieg beinahe auf den Vorkriegsstand. Den Steigerungen in der Schwerindustrie standen allerdings äußerst bescheidene Ergebnisse in der Konsumgüterindustrie gegenüber. Doch die Modernisierung der Rüstungsindustrie besaß Vorrang, da sie die Grundlagen für den Bau von Atomwaffen und Raketen schuf. Die Landwirtschaft hatte darunter zu leiden. Hier arbeiteten als Folge des Krieges fast ausschließlich Frauen, Kinder, Greise und Krüppel. Verglichen mit der bitteren Armut in der Sowjetunion ging es den meisten Menschen in den USA zweifelsohne blendend: Mit ihrer erdrückenden ökonomischen Macht konnten sie es sich leisten, ihre Verbündeten in Europa vor allem durch Gewährung oder Verweigerung von Wirtschaftshilfen zu lenken. Das Verhältnis der ausgebluteten UdSSR zu den Ländern in ihrem Einflußbereich bestand dagegen aus kaum verhüllter Kontrolle und zunehmender politischer und ideologischer Einmischung.

In den letzten Jahren der Herrschaft Stalins spitzten sich die Widersprüche in der Sowjetunion immer mehr zu: Die Industrialisierung der dreißiger Jahre, der Sieg im Zweiten Weltkrieg und der Neuaufbau nach 1945 hatten das Land bis in seine Grundfesten verändert. Jene bäuerliche, in beträchtlichem Maße durch Stumpfheit und Lethargie gekennzeichnete Gesellschaft, aus der Stalins despotische Herrschaft hervorgegangen war, existierte so gut wie nicht mehr. Doch Stalins Macht wurzelte genau in diesen vorindustriell-primitiven Strukturen und entsprach ihnen in gewisser Hinsicht auch. Der alternde, kranke und immer unberechenbarere politische Führer konnte und wollte dies allerdings nicht zur Kenntnis nehmen. Mit den Mitteln und Methoden, mit denen er das Land drei Jahrzehnte lang beherrscht hatte, stemmte er sich gegen die Erfordernisse der neuen industriellen Gesellschaft, die von ihm selbst maßgeblich auf den Weg gebracht worden war. Bei den bestehenden Machtstrukturen konnte daher ein Wandel nur von oben, aus dem engsten Kreis um Stalin kommen. Chruschtschow sollte dabei eine entscheidende Rolle spielen.

Fand Chruschtschows Aufstieg zur Macht im Schatten Stalins statt, so verlief die Karriere Kennedys im Windschatten väterlicher Beziehungen: Als Freundschaftsdienst für Joe Kennedy brachte der rechtsgerichtete Verleger William Randolph Hearst den aus dem Krieg heimgekehrten John F. Kennedy zunächst in seinem Presse-Imperium unter. Als Sonderreporter berichtete der 28jährige über die Gründungsversammlung der Vereinten Nationen in San Francisco und kommentierte die Wahlen in Großbritannien. Nach einem Abstecher zur Potsdamer Konferenz wurde die journalistische Episode in seinem Leben rasch beendet. Der publizistische Gesamtertrag belief sich auf etwa 5000 Wörter, etwas mehr als 15 Schreibmaschinenseiten. 1946 trat er zum ersten Mal als Kandidat der Demokratischen Partei an, um im 11. Distrikt von Boston einen Sitz im Abgeordnetenhaus der Vereinigten Staaten zu erringen. Er gewann ihn auf Anhieb. Der Einsatz der gesamten Familie, das väterliche Geld und eine clevere Wahlkampf-Organisation hatten wesentlich dazu beigetragen. Und so lieferten die Kennedys einen ersten Vorgeschmack dessen, wozu sie fähig waren. Vater Joe Kennedy lag vermutlich nicht falsch mit seiner späteren Einschätzung: »Mit dem, was ich ausgebe, könnte ich meinen Chauffeur wählen lassen.« Doch der junge Kennedy versuchte langsam, sich von den Familien- und väterlichen Banden zu lösen: Nach seinem Amtsantritt als Abgeordneter verteidigte er anfangs noch Joes isolationistische Auffassungen – später bekannte er sich aber deutlich zum Globalismus und zu den weltweiten Verpflichtungen der USA im beginnenden Kalten Krieg, als er der Truman-Doktrin und dem Marshallplan zustimmte. Er hatte allerdings keine Bedenken, seinen Parteifreund Truman gelegentlich von der rechten Flanke aus zu attackieren. So warf er nach der Proklamation der Volksrepublik China im Oktober 1949 ihm und dem State Department vor, sie hätten dieses Land durch eine zu nachgiebige Politik an den Kommunismus verloren. In Fragen der Innenpolitik legte sich Kennedy noch weniger auf eine gerade Linie fest. Am Anfang seiner Abgeordnetenzeit bildeten die Themen Arbeit, Wohnungsbau und Förderprogramme für Kriegsveteranen erste Schwerpunkte. Bei Gesetzesvorlagen auf dem Gebiet der Sozialpolitik stimmte er einigermaßen ausgewogen einmal mit den Liberalen, einmal mit den Konservativen. Als Gegner einer defizitären Haushaltspolitik tendierte er in fiskalischen Fragen stärker zu den Republikanern. Auf anderen Feldern, wenn möglich, entschied er sich gerne für einen Mittelweg. 1948 und 1950 wurde er als Abgeordneter wiedergewählt. Wenn sich John F. Kennedy in diesen Jahren politisch überhaupt einordnen läßt, dann wohl am ehesten als Liberaler mit konservativem Touch. Viele Vertreter des Washingtoner Establishment hielten ihn allerdings in erster Linie für einen politisch harmlosen Playboy. Engagierte Liberale sahen in ihm hingegen nur das Sprachrohr seines ehrgeizigen, machthungrigen und prinzipienlosen Vaters.

Für die meisten US-Bürger brachten die fünfziger Jahre steigende Einkommen, höheren Lebensstandard und beispiellose Prosperität. Das schnelle Wirtschaftswachstum bedeutete Arbeit und eine nie gekannte Auswahl an Konsumgütern und Dienstleistungen. Verlockende, wenn auch nicht gerade geistreiche Werbung hielt Einzug in das Alltagsleben. In den expandierenden Vorstädten erfüllte sich die *middle class* ihren Traum vom Eigenheim im Grünen.

Dwight D. Eisenhower, republikanischer Präsident von Januar 1953 bis Januar 1961, war überzeugt, daß es ohne allgemeine Prosperität auch keinen dauerhaften Wohlstand für einzelne Gruppen geben könne. Im Gesamtinteresse ebenso wie im wohlverstandenen Eigeninteresse aller Teile der Bevölkerung sei daher nicht die Konfrontation, sondern die Kooperation, vor allem von Management, Arbeitnehmern und Regierung, gefragt. Eisenhowers Führungsstil entsprach damit dem vorherrschenden Denken dieses Jahrzehnts, dem Streben nach Harmonie und Konsens. Seine Vision war eine konservative *good society*, eine von Vernunft, gegenseitigem Verständnis und Verständigung geprägte Gesellschaft. Gefahren sah er vor allem im Entstehen eines wie auch immer gearteten Sozialismus, der die Autonomie der Wirtschaft bedrohen würde. Andererseits fürchtete er die destruktiven Kräfte ökonomischer *pressure groups*, eines ungezügelten und damit aus seiner Sicht unvernünftigen Kapitalismus. Wie in der Innenpolitik hatte er auch in der Außenpolitik die Vision einer *good society*, bestimmt von Kooperation, Streben nach Harmonie, Ordnung und Konsens. Sollte es nicht möglich sein, eine globale Ordnung zu schaffen - mit Frieden und Wohlstand für alle Völker -, so müsse dies wenigstens für die kapitalistischen Länder erreicht werden. Nach Ansicht Eisenhowers bedrohten nicht nur die Sowjetunion und ihre Verbündeten Freiheit, Sicherheit und Prosperität, sondern auch die selbstsüchtigen Interessen westlicher Länder, die damit den Osten indirekt unterstützten.

In den Beziehungen zur UdSSR ersetzten Eisenhower und sein Außenminister John Foster Dulles die ihrer Ansicht nach defensive Politik des *containment* (Eindämmung) durch das Konzept der *liberation* und des *roll back*: Man wollte den Osten befreien oder zumindest offensiv bekämpfen. Dulles betrachtete den Ost-West-Konflikt vor allem als Auseinandersetzung zwischen Gut und Böse, Gott und Teufel, Tugend und Verderbnis. Er forderte einen globalen antikommunistischen Kreuzzug unter Einsatz aller zur Verfügung stehenden Mittel - gegebenenfalls bis zur Schwelle eines neuen Krieges. Von 1954 an bekannten sich die USA zur militärischen Doktrin der *massive retaliation*, der massiven Abschreckung. Allein das eventuelle Eingreifen der UdSSR in einen begrenzten, regionalen oder lokalen Krieg sollte mit einem atomaren Schlag der USA beantwortet werden. Im Unterschied zu diesen deutlich auf Konfrontation gerichteten Theorien gestaltete sich die amerikanische Außenpolitik in der Praxis allerdings deutlich maßvoller und kooperativer. Im Verhältnis Washington–Moskau und in den internationalen Beziehungen insgesamt fanden zwar immer wieder scharfe Konflikte statt, doch man setzte gleichzeitig auf Entspannung und Deeskalation.

Ende der vierziger und Anfang der fünfziger Jahre galt Nikita Chruschtschows hauptsächliches Interesse noch der Innenpolitik, und er begann zu ahnen, daß die bisherigen Herrschaftsmethoden nicht über den Tod Stalins hinaus fortgesetzt werden konnten. Ob und wieweit er sich zu diesem Zeitpunkt bereits seiner vielfältigen Verstrickungen in die Verbrechen der Vergangenheit bewußt war, ist unklar. Möglicherweise neigte er dazu, sich eher als Opfer denn als Mitverantwortlicher zu sehen. Für ihn gab es keinen Zweifel, daß die »Säuberungen« jederzeit auch ihn hätten treffen können. Vielleicht spielte in seinen Überlegungen unmittelbar nach Stalins Tod aber auch die Befürchtung eine Rolle, mit zur Verantwortung gezogen zu werden. Chruschtschow befand sich jedenfalls am Anfang »seiner erstaunlichen Wandlung von einem der zuverlässigsten Gefolgsleute Stalins zu einer Gestalt der Weltpolitik, zu dem Mann, der am Ende seiner Laufbahn ungeachtet seines Temperaments und seiner Vorurteile Anzeichen von wahrhaft überlegener Weisheit erkennen ließ«, wie Edward Crankshaw schreibt. Bis Stalins Tod 1953 zeigte Chruschtschow zunächst andere Eigenschaften: Um in der Führungsspitze bestehen zu können, mußte er seine Untergebenheit und Unterwürfigkeit beweisen. Er schmeichelte Stalin, wo er konnte, und war zugleich bereit, dessen Herrschaft skrupellos durchzusetzen. Um zu überleben, halfen ihm vermutlich Schläue und List, die Kunst der Verstellung und die Fähigkeit, sich trotz aller Anpassung eine gewisse Eigenständigkeit zu bewahren. Zudem besaß er den Vorteil, mehr als zehn Jahre nicht in unmittelbarer Nähe des Despoten gelebt zu haben. In seinen Memoiren fragt sich Chruschtschow, warum ihm das bittere Schicksal anderer erspart blieb, und vermutet, »daß Nadjas Berichte (gemeint ist Stalins Frau Nadjeschda Sergejewna Allilujewa – d. Verf.) Stalins Einstellung zu

mir bestimmt haben. Ich nenne das mein Lotterielos. Als es sich so fügte, daß Stalin mich durch Nadjeschda Sergejewnas Augen zu sehen bekam, zog ich das große Los. Ihretwegen hat Stalin mir vertraut.«

Chruschtschow hatte immer ein offenes Ohr für die Sorgen und Wünsche einfacher Menschen und fühlte eine wirkliche, nicht nur zur Schau gestellte Verbundenheit mit dem Volk. Den Verlockungen der Macht konnte er allerdings nicht widerstehen. Gern führte er das große Wort und liebte es, alle Welt zu belehren, selbst bei Themen, von denen er wenig oder gar nichts verstand. Auf der anderen Seite beherrschte er aber die Kunst des Zuhörens. Seine mangelhafte Ausbildung belastete ihn zeitlebens, und ihm dürfte kaum verborgen geblieben sein, daß Mitarbeiter in seinen Aufzeichnungen häufig grammatikalische und orthographische Fehler korrigieren mußten. Sein Denken war dagegen außerordentlich beweglich, was ihn befähigte, wirklich oder angeblich Bewährtes in Frage zu stellen, Probleme rasch zu erfassen und Neues zu versuchen. In den letzten Lebensjahren Stalins und unmittelbar nach dessen Tod dürften recht widersprüchliche Überlegungen das Denken und Handeln Chruschtschows bestimmt haben. Auf der einen Seite war er stolz auf das bisher Erreichte. Die Gegner der Oktoberrevolution von 1917 waren besiegt worden. Das Land hatte mit der Industrialisierung einen riesigen Schritt aus der Rückständigkeit gemacht. Man hatte mit dem Sieg über die deutsche Wehrmacht nicht nur eine der führenden Industriemächte der Welt geschlagen, sondern mitgeholfen, Europa von der Geißel des Faschismus zu befreien. Das darniederliegende Land war nach dem Krieg so gut es ging wiederaufgebaut worden. In seinen Memoiren hielt er fest: »Blicken wir auf die vergangenen fünfzig Jahre zurück, dann sehen wir, wo wir angefangen und wie weit wir es gebracht haben. Sogar unsere Feinde haben wir in Erstaunen versetzt.«

Auf der anderen Seite begann Chruschtschow, den bislang unangreifbaren Stalin in einem neuen Licht zu sehen. Er empfand nicht mehr die uneingeschränkte Bewunderung für den despotischen Machthaber, wie noch in den zwanziger und dreißiger Jahren. Aber noch war Chruschtschow weit entfernt von einer deutlichen Verurteilung Stalins, wie er sie auf dem XX. und dem XXII. Parteitag sowie in seinen Memoiren ausdrückte. Seit er 1949 nach Moskau zurückgerufen worden war und von da an aus nächster Nähe miterleben mußte, wie der alternde *voshd* (Führer) seine engsten Mitarbeiter demütigte und erniedrigte, dürften seine Gefühle zwischen Verehrung, Furcht und einem beginnenden, sich selbst noch nicht eingestandenen Haß geschwankt haben. Die im Kreis um Stalin üblichen Schmeicheleien, Intrigen und gegenseitigen Verdächtigungen, die Verhaftung und Tod bedeuten konnten, belasteten ihn offenkundig stärker als andere. Er war aber weit davon entfernt, wie er später feststellte, »auf Stalins Tod zu hoffen: im Gegenteil, ich fürchtete ihn«.

In den Fünfzigern hatte John F. Kennedy dagegen weitaus weniger zu befürchten, und diese Jahre wurden für ihn zu einem Lebensabschnitt, in dem er Erfahrungen sammeln, politisch wie charakterlich reifen und sich bewähren konnte. Das Eintreten seines Vaters für die *New Deal*-Reformen Roosevelts hatten ihm den Weg zum eigenen sozialen Engagement gewiesen. Allerdings besaß er so gut wie keinen Kontakt zu einfachen Menschen. Deren Fühlen und Denken, ihr Alltag mit Freuden und Kümmernissen, Mühen und Sorgen blieben ihm bis zuletzt verschlossen. Einzig 1960, während des Vorwahlkampfes in West Virginia, wurde er einmal unmittelbar und hautnah mit der Armut im Land konfrontiert, die ihn für den Augenblick tief berührte. Als Abgeordneter und auch als Senator blieb er anfangs eher farblos, legte sich nicht auf eine bestimmte Richtung fest und ließ sich damit möglichst mehrere Optionen offen. Zum streitbaren *New Deal liberalism*, der nach 1945 zunehmend an Attraktivität und Einfluß verlor, hatte er keine inneren Bindungen aufgebaut. Aber auch der moderate, auf Konsens und wirtschaftliches Wachstum orientierte Liberalismus der Nachkriegszeit zog ihn nicht übermäßig an. Zwar empfand er zweifellos Sympathie für die Bürgerrechtsbewegung der fünfziger Jahre, und Kennedy wollte auch keine dauerhafte Ausgrenzung der schwarzen Amerikaner – seine gefühlsmäßige Anteilnahme und sein persönliches Engagement blieben aber eher gering.

John F. Kennedy hatte – wenn auch aus gebührender Distanz – als Kind die Wirtschaftskrise, als Jugendlicher die Vorkriegsjahre, als junger Mann den Zweiten Weltkrieg erlebt. Seine politische Karriere im Kongreß entwickelte sich nun unter den Bedingungen des Kalten Krieges und mit der Atombombe als wachsender Bedrohung für die Existenz der Menschheit. Als Ende der fünfziger Jahre der Glaube an die Allmacht und Unverletzlichkeit der USA zu schwinden begann, machte die satte Selbstzufriedenheit allmählich der Überzeugung Platz, daß Reformen dringend nötig waren. Hier sah Kennedy seine Zeit gekommen: Er machte sich zum Fürsprecher der Neubesinnung und Neuorientierung. Die innen- und außenpolitischen Klischees des Kalten Krieges sowie das Denken in absoluten Gegensätzen empfand er zunehmend als fragwürdig. Gern zitierte er Abraham Lincoln: »Es gibt wenige Dinge, die absolut böse oder absolut gut sind. Fast alles, besonders in der Politik der Regierungen, ist eine untrennbare Verbindung von beidem, so daß wir ständig all unserer Urteilskräfte bedürfen, um zu erkennen, was überwiegt.« John F.

»... so gut wie keinen Kontakt zu einfachen Menschen«: der junge Senator Kennedy mit seiner Verlobten Jacqueline Bouvier 1953 – kurz vor ihrer Hochzeit.

Kennedy lernte, Dogmen und starre Ideologien mit Skepsis zu sehen, strebte nach Unabhängigkeit von traditionellen Autoritäten und war überzeugt, daß es möglich sei, die Entwicklung des eigenen Landes wie auch der internationalen Beziehungen zu beeinflussen. Dabei wußte er aber auch um die Grenzen menschlicher Handlungsfähigkeit und um die Unvollkommenheit gesellschaftlicher Institutionen.

Bei der Senatorenwahl im Bundesstaat Massachusetts trat er im November 1952 gegen den Republikaner Henry Cabot Lodge, Jr. an. Während Kennedy die neue irisch-katholische Oberschicht vertrat, repräsentierte sein Gegner die angelsächsisch-protestantische Mayflower-Aristokratie. Wie bei den Wahlen zuvor wurde Kennedy auch dieses Mal von der ganzen Familie unterstützt. Vater Joe kommentierte: »Wir werden Jack wie Seifenpulver verkaufen.« Harry S. Truman meinte später dazu: »Joe dachte an alles. Joe zahlte für alles.« Was anfangs für äußerst schwierig gehalten wurde, gelang: Kennedy schlug Lodge und zog im Januar 1953 für zunächst sechs Jahre in den US-Senat ein.

Als *freshman* (Neuling) erwartete man von ihm allerdings Zurückhaltung bei den großen politischen Themen. So engagierte er sich anfangs für die Anliegen seiner Wähler aus Massachusetts. Seine ebenso sachliche wie trockene Jungfernrede als Senator im Mai 1953 betraf spezifische Interessen der Neuenglandstaaten und wurde darüber hinaus kaum zur Kenntnis genommen. 1954 mischte er sich erstmals in nationale Angelegenheiten ein, als er für das von einflußreichen Wirtschaftskreisen seines Heimatstaates zunächst abgelehnte Projekt des St. Lawrence Seaway stimmte, eines geplanten Kanals von rund 3500 Kilometer Länge, der den Mittleren Westen mit dem Atlantik verbinden sollte. Bei wichtigen Entscheidungen des Senats in Bürgerrechtsfragen stimmte er einige Male mit den Liberalen und einige Male mit den Konservativen, wobei sich nicht genau sagen läßt, was beim Taktieren eine größere Rolle gespielt haben mag: Eine gewisse Indifferenz gegenüber den Zielen der Bürgerrechtsbewegung oder der Wunsch, die Unterstützung der schwarzen Bevölkerung zu gewinnen, ohne die Konservativen und Rassisten des Südens zu verprellen.

In der zweiten Hälfte seiner Amtsperiode als Senator, vor allem nach seiner Wahl in den Außenpolitischen Ausschuß des Senats (»Senate Foreign Relations Committee«) im Januar 1957, fand John F. Kennedy zu genauer umrissenen Positionen in den Fragen der internationalen Beziehungen. Er plädierte, wenn auch noch vorsichtig, für neue Akzente in der Politik gegenüber der UdSSR und ihren Verbündeten. Diese bildeten mitnichten einen monolithischen Block, so sein Argument, sondern seien durch Pluralität gekennzeichnet. Folgerichtig setzte er sich für den Ausbau des Handels mit Polen ein. Bereits 1960 sah er die später tatsächlich stattfindende Spaltung zwischen den beiden kommunistischen Führungen in Moskau und Peking voraus.

In den späten fünfziger Jahren bildeten sich in der Demokratischen Partei zwei unterschiedliche außenpolitische Denkschulen: Die einen wollten im Prinzip an der starren Politik gegenüber der

Sowjetunion und dem Ostblock festhalten, während die anderen mehr Flexibilität im gegenseitigen Umgang wünschten. Kennedy legte sich zunächst nicht eindeutig fest, tendierte aber offensichtlich mehr zu jenen, die für einen Neuanfang plädierten. 1958 und 1959 warf er Präsident Eisenhower vor, gegenüber dem Kreml einerseits zu weich, andererseits zu unflexibel zu agieren. Der Präsident, so Kennedy, entwickle keine neuen Ideen in Fragen der internationalen Rüstungskontrolle. Im Laufe der Jahre zeigte er zudem besonderes Interesse für die Probleme der Dritten Welt. Noch als Mitglied des Abgeordnetenhauses hatte er 1951 Indochina besucht, und als Senator sprach er sich gegen Überlegungen von John Foster Dulles aus, die ein Eingreifen der USA an der Seite Frankreichs in die Kämpfe in dieser Region vorsahen. Während des Algerienkrieges hielt er sich mit Kritik an der französischen Politik nicht zurück: Washington hätte seines Erachtens Druck auf Paris ausüben sollen, um dem nordafrikanischen Land die Unabhängigkeit zu gewähren.

Die stärksten Angriffe aus den liberalen Reihen rief Kennedys undurchsichtige Haltung zum bis heute bekannten Senator Joseph McCarthy und dessen Politik hervor. Dieser hatte Anfang der fünfziger Jahre mit seinem eifernden Antikommunismus ein bedrückendes politisches und geistiges Klima im Land geschaffen. Niemand war vor seinen Verdächtigungen sicher: Künstler, Intellektuelle, Mitarbeiter des State Department und anderer Behörden, zuletzt sogar führende Militärs wurden mit meist haltlosen Vorwürfen als Staatsfeinde denunziert. Im Dezember 1954 setzte der Senat mit einem mehrheitlichen Beschluß diesem Treiben ein schnelles Ende. Kennedy konnte allerdings wegen eines Klinikaufenthaltes nicht an der Abstimmung teilnehmen, machte aber auch nach seiner Entlassung nicht deutlich, welche Position er bezogen hätte. Sein Verhalten in dieser für Demokratie, Meinungsfreiheit und Bürgerrechte so eminent wichtigen Frage blieb letztlich zwiespältig: Er mußte sich gegenüber dem Vater, der McCarthy als Freund betrachtete, loyal verhalten. Auf seinen Bruder Robert galt es ebenfalls Rücksicht zu nehmen, da dieser zeitweise im Stab des Senators gearbeitet hatte. Zudem waren viele Wähler in Boston, insbesondere solche polnischer Herkunft, militant antikommunistisch und antisowjetisch eingestellt und deshalb Anhänger McCarthys. Offenbar mangelte es Kennedy an Mut und Sensibilität, um sich öffentlich von dem Einpeitscher zu distanzieren. Das holte er erst 1956 nach, als er die Vizepräsidenschaft anstrebte. Diese zu späte Einsicht fügte seinem Ansehen bei den Liberalen innerhalb und außerhalb der Demokratischen Partei zweifelsohne beträchtlichen Schaden zu. Auf *Profiles in Courage* anspielend, den Titel eines 1956 veröffentlichten Buches von John F. Kennedy (eigentlich »Profile des Mutes«, auf deutsch als *Zivilcourage* erschienen), meinte später Eleanor Roosevelt, die Witwe Franklin D. Roosevelts, der Autor hätte weniger Profil und dafür mehr Mut zeigen sollen: Jeder, der in der Öffentlichkeit stünde, müsse den McCarthyismus eindeutig ablehnen, schrieb sie in ihren Memoiren. *Profiles in Courage* handelte vom Glauben an die Demokratie, von Mut und Prinzipientreue, und es wurde zweifellos in der Absicht verfaßt, Kennedy im Land populärer werden zu lassen. Dies gelang vorzüglich – wiederum mit Hilfe von Vater Joe: Das Buch erhielt den begehrten Pulitzerpreis, doch die Kritik an John F. Kennedy verstummte nicht, da das Manuskript offensichtlich zu weiten Teilen von anderen, vor allem von seinem späteren Mitarbeiter und Ghostwriter Theodore C. Sorensen geschrieben worden war. Dennoch verbesserte der publizistische Erfolg Kennedys Verhältnis zu den Liberalen und ließ sein wankelmütiges Verhalten während der McCarthy-Ära in Vergessenheit geraten.

1953 heirateten John F. Kennedy und die 28jährige Jacqueline (Jackie) Bouvier, die anfangs nur mäßig an Politik interessiert war. Bald aber wurden ihr Charme, ihre Attraktivität und ihre Verehrung für die schönen Künste zur festen Größe in den Wahlkämpfen ihres Mannes – und damit zu einem wichtigen Bestandteil des sich aufbauenden Kennedy-Images. John und Jackie galten als Traumpaar der Nation, auch wenn seine zahllosen Affären mit anderen Frauen immer wieder Anlaß für Spekulationen aller Art waren.

Als die zweite Präsidentschaft Eisenhowers im Januar 1961 zu Ende ging, begann der fragile Konsens der fünfziger Jahre zunehmend zu bröckeln. Die ökonomischen Wachstumsraten, denen nach allgemeiner Überzeugung die größte Priorität zukam, gingen zurück. Die führenden *corporations* und das *big business* zeigten keinerlei Bereitschaft in Sachen Selbstdisziplin und Zurückhaltung – wozu sie Eisenhower immer wieder angemahnt hatte. Die Kluft zwischen Reichen und Armen im Land vergrößerte sich, statt wie angestrebt kleiner zu werden. Ein halbes Prozent der Bevölkerung verfügte Mitte der fünfziger Jahre über rund ein Viertel des gesamten Privatvermögens; 1949 waren es noch 19,3 Prozent gewesen. Der von Wirtschaft, Politik und Werbung mit riesigem Aufwand propagierte *People's capitalism*, der Volkskapitalismus, funktionierte offenkundig nicht – zumindest nicht für alle. Die sozialen Spannungen zwischen den sozialen Schichten, den Rassen und den Geschlechtern nahmen zu.

Damit hatten sich die Fünfziger für die USA nicht nur als Jahrzehnt des wirtschaftlichen Aufschwungs und des zunehmenden Wohlstandes erwiesen. Zunächst noch vorsichtig und zurückhaltend, bald allerdings offensichtlicher, wurden die Befürchtungen, Sorgen und Ängste der Bevölkerung unüberhörbar. Das Unbehagen und die Kritik betrafen zum einen eine mögliche Eskalation des Kalten Krieges mit der damit verbundenen Gefahr eines atomaren Konfliktes. Gleichzeitig schienen auch die Bürgerrechte und Freiheiten im eigenen Land in Gefahr zu sein. Dazu gesellte sich das Phänomen wachsender Anonymität und Entfremdung in der Massengesellschaft sowie die Seelenlosigkeit wuchernder Bürokratien. Ein nicht geringer Teil der Bevölkerung erfuhr einen Alltag, der dem vorherrschenden Image dieses Jahrzehnts kaum oder überhaupt nicht entsprach. So lebten schätzungsweise 50 Millionen Menschen in den Vereinigten Staaten, die am Wohlstand nicht partizipierten, sozial ausgegrenzt und immer ärmer wurden. Michael Harrington nannte diesen Teil der Bevölkerung in seinem große Aufmerksamkeit erregenden Buch *The Other America*, das andere Amerika. Darin beschrieb er, wie die Menschen zwar nicht verhungerten, aber hungrig *blieben*. Viele lebten ohne medizinische Betreuung und ohne Bildungschancen, um im Berufsleben bestehen zu können. Ein großer Teil von ihnen war schwarz – und somit an Unterdrückung gewöhnt. Allerdings waren nach dem Krieg die schwarzen Soldaten mit dem festen Glauben heimgekehrt, sich endlich die Gleichberechtigung buchstäblich erkämpft zu haben – doch sie blieben Menschen zweiter Klasse. So wuchs eine soziale Bewegung für Freiheit und Gleichheit heran – gegen Diskriminierung, Rassentrennung und menschenverachtenden Rassismus, der insbesondere in den Südstaaten zu Hause war: Die Bürgerrechtsbewegung gewann über die fünfziger Jahre hinweg an Kraft und Einfluß, insbesondere weil charismatische Führer wie Martin Luther King und Millionen einfacher schwarzer Männer, Frauen und Jugendlicher einen gesellschaftlichen Wandel forderten. Sie wollten sich nicht mehr auf die Zukunft vertrösten lassen.

Ihnen zur Seite standen Frauen aller Schichten, auch und gerade der gebildeten *middle class*, die im Krieg die Jobs der dienenden Männer und damit auch deren Verantwortung übernommen hatten. In den Nachkriegsjahren wurde ihnen allerdings bedeutet, sie hätten an ihre angestammten Plätze als Ehefrauen und Mütter zurückzukehren. So setzte Ende der fünfziger Jahre auch hier ein Prozeß der Neubesinnung ein: Betty Friedan veröffentlichte 1963 ihr Buch *The Feminine Mystique* (*Der Weiblichkeitswahn*), das dem weiblichen Frust der Nachkriegsjahre und dem sich allmählich herausbildenden neuen Selbstbewußtsein vieler Frauen Ausdruck verlieh. Es fand einen unerwartet starken Anklang und trug maßgeblich zur Entwicklung der modernen Frauenbewegung bei, die durch tiefgehende Veränderungen im Gesamtgeflecht der sozialen und gesellschaftlichen Beziehungen eine völlige Gleichberechtigung von Männern und Frauen forderte.

Die Generation der späteren Hippie-Bewegung nahm sich dieser Forderungen an – die Jugendlichen waren unmittelbar nach dem Krieg geboren und in der Mehrheit wohlbehütet im neuen Wohlstand aufgewachsen. Sie erfuhren die Selbstzufriedenheit und Konformität dieses Jahrzehnts und begannen, sich und ihre Eltern zu fragen, ob dies alles sei, was das Leben ihnen zu bieten habe. Sie wehrten sich dagegen zu glauben, daß »saubere Straßen, in denen nie etwas passiert«, den höchsten Sinn ihres Daseins ausmachten, wie Philip Caputo es einmal formulierte. Der Geist der Kritik und Unruhe der heranwachsenden *baby boomer* führte wenige Jahre später zur Rebellion der Jugend, zur Auflehnung gegen eine hauptsächlich auf Besitz und Privilegien begründete Macht – er führte zur Studentenbewegung und zur Neuen Linken der sechziger Jahre.

Diese heterogenen, zum Teil aber auch untereinander verknüpften Bewegungen stellten zunächst noch eine Minderheit dar, die nach Alternativen und neuen Werten suchten, die ihrem veränderten Denken und Fühlen, ihren Hoffnungen und Erwartungen entsprachen. Und John F. Kennedy und seine Berater verstanden die

Zeichen der Zeit: Mit ihrem Drängen auf Reformen, mit ihren Forderungen und Versprechungen des Präsidentschaftswahlkampfes von 1960 artikulierten sie die zum Teil noch vagen Sehnsüchte: »To get America moving again« hieß der Slogan, mit dem man das neue Lebensgefühl in der Politik umsetzen und zu neuen Grenzen aufbrechen wollte. Kennedy und seine Berater warfen der Politik von Präsident Eisenhower vor, nicht länger in der Lage zu sein, das Wirtschaftswachstum der vorangegangenen Jahre fortzusetzen. Und Eisenhowers Administration hätte zugelassen, daß die USA gegenüber der Sowjetunion allmählich ins Hintertreffen geraten seien. Kennedy und seine Mannschaft trafen mit ihrer Wahlkampfrhetorik offenkundig einen wunden Punkt: Es sei fraglich, so argumentierten sie, ob die Vereinigten Staaten in der sozioökonomischen Verfassung der Fünfziger überhaupt noch dem amerikanischen Traum entsprächen. So griff das Unbehagen auch auf andere Schichten über, die vor allem den Mangel an inspirierenden neuen Ideen beklagten. So wollte die renommierte amerikanische Zeitschrift *U.S. News and World Report* 1960 schlicht und ergreifend wissen: »What is wrong with America?« (Was stimmt nicht mit Amerika?) Der Wirtschaftswissenschaftler John Kenneth Galbraith stellte sich mit seinem 1958 veröffentlichten Buch zur Wohlstandsgesellschaft *The Affluent Society* auf die Seite der Kritiker und beschloß seine Analyse mit einem eindeutigen Plädoyer für Reformen.

Nachdem Kennedy 1956 vergeblich versucht hatte, als Kandidat für die Vizepräsidentschaft nominiert zu werden, gewann er die Wiederwahl als Senator im November 1958 mit einer großen Mehrheit. Dieser Sieg wurde ausschlaggebend für seine Entscheidung, 1960 die Präsidentschaft anzustreben. Im Alter von 42 Jahren meldete Kennedy am 2. Januar 1960 seine Kandidatur an. Sein Vater samt geschlossen auftretender Familie, clevere Public Relations-Manager und ein immer perfekter arbeitender Stab hatten inzwischen jenes Image geschaffen, das wesentlich zu seinem Wahlsieg beitragen sollte. Es stellte ihn als einen dynamischen Politiker dar, der Intelligenz mit Kreativität verband und Charme und Humor besaß, der entschlossen auftrat, aber auch nachdenklich sein konnte – und als Visionär von moralischen Prinzipien und Idealen beseelt war. Die PR-Spezialisten konnten jedoch nicht verhindern, daß auch andere Seiten des künftigen Präsidenten ans Licht der Öffentlichkeit kamen: Er war nie wirklich das leuchtende Vorbild, der strahlende Held, die Inkarnation der Tugend, zu denen er seit 1952 und dann vor allem in den ersten Jahren nach seiner Ermordung hochstilisiert wurde. Er war aber auch nicht jene prinzipien- und charakterlose, vom Wohlstand korrumpierte, innerlich leere und gefühlsmäßig verkrüppelte Persönlichkeit, zu der ihn vor allem kritische Autoren der siebziger Jahre machen wollten. Weder Heiliger noch Schurke, weder nur gut noch nur schlecht, war er ein Mensch voller Widersprüche und Gegensätze, mit Hoffnungen und Idealen, aber auch mit der ganzen Rücksichts- und Skrupellosigkeit, ohne die seine politische Karriere wohl nicht möglich gewesen wäre. Er fühlte sich dem amerikanischen Traum ehrlich verpflichtet, zugleich war er jener Gesellschaft angepaßt, in der er lebte und die ihn prägte: der Gesellschaft des Wohlstands.

Kennedy eröffnete den Wahlkampf mit schrillen antisowjetischen Parolen. Damit wollte er von Anfang an Härte demonstrieren und der zu erwartenden Kritik entgegenwirken, er könne im Umgang mit der UdSSR zu weich sein. Dazu zeichnete er ein düsteres Bild vom ökonomischen Zustand der USA und ihrer Stellung in der Welt. Über kurz oder lang würden sie von der Sowjetunion und den Ländern Westeuropas eingeholt werden. Die als Beweis angeführten Zahlen ließen allerdings unberücksichtigt, daß die amerikanische Wirtschaft gerade eine zeitweilige Rezession erlebte. Die Kritiker Kennedys kommentierten daher ironisch, er beschwöre eine Krise, von der nur er selbst und seine engsten Mitarbeiter wüßten. Darauf spielte Kennedy wiederum an, als er nach seiner Amtsübernahme bekanntgab, am meisten habe ihn überrascht, daß die Dinge tatsächlich so im argen lagen, wie von ihm zuvor behauptet. Im Wahlkampf warnte er vor einem bedrohlichen Rückstand auf dem Gebiet der Langstreckenraketen, der von der Eisenhower-Regierung zu verantworten sei. Deren Militär- und Rüstungspolitik habe zu einer »Raketenlücke« geführt. Dies stellte sich später als schlicht falsch heraus: Die USA waren der Sowjetunion auf diesem Feld eindeutig überlegen.

Der in Los Angeles tagende Nationalkonvent der Demokratischen Partei wählte Kennedy im Juli 1960 zum Präsidentschaftskandidaten. Dieser wiederum benannte völlig unerwartet den Südstaatler Lyndon B. Johnson, Sprecher der Demokraten im Senat, zum Kandidaten für die Vizepräsidentschaft. Dies war nach Meinung von John Adams »das unwichtigste Amt, das menschliche Erfindungskraft je geschaffen und menschliche Phantasie sich je vorzustellen vermocht hat«. Kennedys Gegner im Kampf um die Präsidentschaft wurde Richard M. Nixon, der seit 1953 Vizepräsident unter Eisenhower war. Beide Bewerber für das höchste Amt der USA arbeiteten in der heißen Phase des Wahlkampfes mit bewährten Kommunikationsstrategien und PR-Methoden. Kennedy präsentierte sich trotz, andererseits gerade wegen seiner Jugend als kompetenter, ideenreicher und dynamischer Kandidat, der vor allem an Idealismus, Tatendrang und Opfermut appellierte. Ungeachtet seiner verbalen Angriffslust wollte er durch eine modifizierte, moderatere Politik der Stärke zu mehr Verständigung und Normalität in den internationalen Beziehungen kommen, vor allem im Verhältnis der Supermächte. Im Gegensatz zu dem meist verbissen und verklemmt wirkenden Nixon machte Kennedy häufig Punkte mit seiner geistreichen und humorvollen Art. Kurz vor der Wahl sagte er: »Mr. Nixon hat mich in den letzten sieben Tagen einen Ignoranten auf ökonomischem Gebiet und noch vieles mehr genannt. Ich beschränkte mich darauf, ihn einen Republikaner zu nennen, aber er sagte, so zu argumentieren sei schäbig.« Bei anderer Gelegenheit wurde er gefragt: »Senator, Sie wollen Nixon nicht angreifen, solange er im Krankenhaus liegt – wann läuft dieser Waffenstillstand ab?« Die Antwort: »Nun ja, ich habe gesagt, ich werde ihn nicht erwähnen, solange er im Krankenhaus liegt – ausgenommen, ich kann etwas Gutes über ihn sagen. Ich habe ihn aber bisher nicht erwähnt.«

Der vier Jahre ältere Nixon bemühte sich dagegen, seinen Ruf als eifernder Antiliberaler und Antiintellektueller loszuwerden, der ihm seit seiner Zeit im berüchtigten Ausschuß für unamerikanische Umtriebe anhaftete. Er übte nun demonstrative Distanz zu McCarthy und gab sich als maßvoller, vertrauenerweckender Konservativer. Der *New Nixon* war offensichtlich bemüht, sich als erfahrener Staatsmann mit nationaler und internationaler Reputation zu profilieren. Er wollte die Außenpolitik von Eisenhower und Dulles ohne größere Brüche fortsetzen – allerdings auf die simplen Klischees von Gut und Böse des mittlerweile verstorbenen Außenministers verzichten. Kennedy und Nixon standen beide im Ruf, *cool cats*, kaltblütige Manager der Macht zu sein – und beide stellten sich erstmals den Anforderungen der modernen Mediendemokratie: Auf sie geht die Tradition des Fernsehduells zurück.

Die nahezu grenzenlose Unterstützung mit Geld und Einfluß seitens des dominanten und machthungrigen Vaters kam John F. Kennedy mehr als zu Hilfe. Joe verfügte über zahllose undurchsichtige Verbindungen, die von der extremen politischen Rechten über das Showbusiness bis in Kreise der Mafia reichten. Der amerikanische Historiker Thomas C. Reeves schreibt darüber: »Wie Tonbandaufnahmen des FBI später enthüllten, waren große Mafia-Spenden in den Kennedy-Wahlkampf in West Virginia geflossen (1960 – d. Verf.), die, allem Anschein nach, Frank Sinatra überbracht hatte. Das Geld wurde verwendet, um Beamte zu schmieren, denen bei der Wahl irgendeine Schlüsselfunktion zukam. So verteilte beispielsweise Paul ›Skinny‹ D'Amato, Casinobesitzer in Atlantic City und einer der Gangster Giancanas (Nachfolger Al Capones in Chicago – d. Verf.), mehr als fünfzigtausend Dollar an lokale Sheriffs, um – mit allen nur denkbaren Mitteln – ein Pro-Kennedy-Wahlergebnis sicherzustellen. Den Mafiosi ging es natürlich darum, sich auf höchster Ebene Einfluß zu verschaffen.« Tatsächlich war der legendäre Frank Sinatra auch derjenige, der Kennedys Wahlkampfhymne »High Hopes« einspielte. So mußte sich Kennedy immer wieder mit dem Vorwurf auseinandersetzen, das väterliche Geld und dessen Beziehungen hätten maßgeblichen Anteil an seinem politischen Erfolg gehabt – wenn ihn nicht sogar erzwungen. Um sich dagegen zu wehren, meinte er einmal ironisch, er habe ein Telegramm von Papa erhalten: »Lieber Jack, nicht eine Stimme mehr kaufen als unbedingt nötig. Ich reiße mir die Haare aus, wenn ich für einen Erdrutsch zahlen muß.«

Knapp 120 000 Stimmen gaben bei ca. 68,6 Millionen insgesamt abgegebenen Stimmen schließlich den Ausschlag. Gerüchte, in zwei Bundesstaaten habe es Unregelmäßigkeiten zugunsten Kennedys gegeben, konnten weder bewiesen noch widerlegt werden. Kennedy gewann die Präsidentschaft mit einer hauchdünnen Mehrheit – die dünnste in der Geschichte der USA.

3. Amerikanischer Traum und kommunistische Verheißung – gesellschaftliche Ziele

»Wir müssen endlich damit Schluß machen, in jedermann einen Abtrünnigen zu wittern. (...) Wenn wir unsere Haltung in diesem Punkt nicht ändern – dann, fürchte ich, bringen wir die Ideale des Marxismus-Leninismus in Verruf.«

Nikita Chruschtschow

»Wenn wir mit Stolz auf die Fortschritte hinweisen, die wir bei der Verwirklichung des Traums unserer Vorväter von der Gleichheit aller Menschen gemacht haben, so dürfen wir doch nicht übersehen, wie weit der Weg dahin noch ist.«

John F. Kennedy

Chruschtschows Chance für Reformen kam 1953 mit dem Tod Stalins. Am Ende der vierziger und zu Beginn der fünfziger Jahre war das Land trotz seiner Erfolge beim Wiederaufbau in eine immer tiefere Krise geraten, die Wirtschaft, Politik, Kultur und Wissenschaft erfaßte und schließlich auch die Machtzentren erreichte. Die sowjetischen Publizisten Juri Lewada und Wiktor Schejnis schreiben, das Jahr 1953 sei »nichts anderes als der Höhepunkt des selbstherrschaftlichen Wahnsinns Stalins vor dem Hintergrund der anwachsenden Krise des gesamten stalinistischen Systems« gewesen. »Die Krise war besonders gefährlich, weil die Gesellschaft, die noch von den Siegesfanfaren betäubt war, den Ernst der Lage nicht einmal zu begreifen vermochte.«

Die meisten Bürger des Landes reagierten auf den Tod Stalins am 5. März wie gelähmt, da etwas bis dahin für sie Undenkbares und Unvorstellbares eingetreten war: Das Volk hatte seinen für alle und alles sorgenden Vater, seinen weisen und unerschütterlichen Herrscher, seinen genialen Führer verloren. In der Hauptstadt kam es zu grauenhaften Szenen von Massenhysterie. Zahlreiche Menschen wurden zu Tode getrampelt, als eine nicht mehr zu kontrollierende Menge zum Moskauer Säulensaal drängte, um von dem Verstorbenen Abschied zu nehmen. Der Unsterbliche war gestorben, der Unersetzbare mußte ersetzt werden. Entsetzen und eine fast irrationale Angst vor der Zukunft beherrschten in der ersten Tagen große Teile der Bevölkerung. Stellvertretend für eine Minderheit erhob sich die Stimme von Alexander Solschenizyn, der nicht Trauer, sondern die erwachenden Hoffnungen jener artikulierte, die sich in den Lagern, den Gefängnissen und in der Verbannung nach ihrer Befreiung sehnten.

Die engsten Mitarbeiter und Erben Stalins reagierten wesentlich nüchterner und überlegter als die Mehrheit der Bevölkerung: Trotz der zu erwartenden Diadochenkämpfe um die Nachfolge schlossen sie sich zusammen, um die Führung unter sich aufzuteilen: Auf Vorschlag Lawrenti Berijas wurde Georgi Malenkow Vorsitzender des Ministerrates und erhielt das Recht, die Sitzungen des höchsten Machtorgans, des Parteipräsidiums, zu leiten. Malenkow wiederum schlug seinerseits Berija als Chef des neuen Innenministeriums vor. Dieses war mit dem Ministerium für Staatssicherheit zusammengelegt worden, das bereits seit 1939 von Berija de facto geleitet wurde. Damit war er neben dem verstorbenen Diktator Hauptverantwortlicher für den Terror im Land. Nun unterstanden Berija alle Sicherheitsdienste sowie die Spezialtruppen des Innenministeriums, die ihm eine ungeheure Macht sicherten. Wjatscheslaw Molotow wurde Außenminister, Nikolai Bulganin Verteidigungsminister und Kliment Woroschilow Vorsitzender des Präsidiums des Obersten Sowjets. Chruschtschow erhielt die Verantwortung für das Sekretariat des Zentralkomitees und damit Zugriff auf den Parteiapparat. Als einziger Sekretär des Zentralkomitees gehörte er zugleich dessen Präsidium an. Das Amt des Parteichefs von Moskau mußte er dafür allerdings abgeben. Mit dieser Verteilung der Spitzenämter war die personelle Nachfolge Stalins zunächst einmal geregelt. Die drohende Führungskrise schien durch die Alternative einer »kollektiven Führung«, wie es jetzt hieß, abgewendet.

Am 7. März, noch vor der Beisetzung Stalins, faßten das Zentralkomitee der KPdSU, der Ministerrat und das Präsidium des Obersten Sowjets einen gemeinsamen Beschluß, in dem es hieß, die genannten Machtorgane »halten es in dieser für unsere Partei und unser Land schweren Zeit für die wichtigste Aufgabe von Partei und Regierung, die ununterbrochene und richtige Führung zu sichern (...), was seinerseits erfordert (...), daß jede Unstimmigkeit und Panik vermieden wird«. In dem Beschluß fehlte bemerkenswerterweise jeder Hinweis darauf, daß die Partei und ihre Führung weiterhin im stalinschen Sinne wirken würden. Der Name des Verstorbenen tauchte nicht einmal mehr auf. Am 10. März, einen Tag nach der Beisetzung Stalins, erklärte Malenkow in der Sitzung des Parteipräsidiums: »Wir erachten es als unbedingt erforderlich, mit der Politik des Personenkultes Schluß zu machen.« Vor dem Plenum des Zentralkomitees im Juli 1953 ging er, natürlich nicht für die Öffentlichkeit bestimmt, noch einen Schritt weiter: »Sie müssen wissen, Genossen, daß der Personenkult des Genossen Stalin in der tagtäglichen Führungspraxis krankhafte Formen und Ausmaße angenommen hatte. Wir haben nicht das Recht, Ihnen zu verheimlichen, daß solch ein entstellter Personenkult (...) in den letzten Jahren der Führung der Partei und des Staates ernsthaften Schaden zugefügt hat.« Die neue Orientierung auf eine »kollektive Führung« spiegelte, wie Lothar Kölm in seiner biographischen Skizze Chruschtschows schreibt, »die bestehende Situation wider, die durch einen provisorischen Konsens innerhalb der herrschenden Gruppe gekennzeichnet war. Er (gemeint ist der Terminus ›kollektive Führung‹ – d. Verf.) war somit das Synonym für Machtvakuum, für Machtkampf und zugleich für die stillschweigende Übereinkunft, solch eine grausame Diktatur nicht mehr zuzulassen.«

Sieben Männer – zu den bereits genannten Malenkow, Berija, Molotow, Woroschilow, Bulganin und Chruschtschow gehörte noch Lasar Kaganowitsch – teilten sich nach Stalins Tod also die Macht. Keiner von ihnen war zunächst stark genug, um sich an die Spitze zu setzen und das Alleinerbe des verstorbenen Diktators anzutreten – und zwischen ihnen entbrannte ein erbitterter Kampf. Das Ausmaß der ökonomischen, politischen und sozialen Krise war allerdings so groß, daß alle die Notwendigkeit eines Wandels erkannten und mehr oder weniger weitgehende Reformen befürworteten. Ihr Konsens – der amerikanische Politologe George W. Breslauer spricht von einem »›new deal‹-consensus of the post-Stalin regime« – beruhte auf der Erkenntnis, daß die Gesellschaft nicht länger vorwiegend mit Druck, Zwang und Terror regiert werden konnte. Die Nachfolger Stalins wußten, daß die niedrige Arbeitsproduktivität und die ungenügende wirtschaftliche Leistungskraft mit der weitverbreiteten Unzufriedenheit und Lethargie, der unzureichenden Arbeitsmotivation und der in beträchtlichem Maße zerstörten gesellschaftlichen Moral zusammenhingen. Sie waren sich darin einig, daß neue Ideale und Ziele bestimmt, aber auch die Versorgung mit Konsumgütern verbessert werden mußten. Eine noch ungenau definierte politische Mitsprache war nötig, um die notwendige Initiative der Bevölkerung zu wecken. Keine größeren Differenzen gab es schließlich in der Frage, daß bei allen unvermeidlichen Veränderungen möglichst viele der traditionellen Werte bewahrt werden sollten. Unterschiedliche Auffassungen herrschten jedoch vor allem darüber, in welchem Verhältnis Erneuerung und Kontinuität, politische Mitbestimmung und tradierte Autorität, neue Freiheiten und Führungsrolle der Partei stehen sollten. Wie konnte man die erstarrte Bürokratie lockern, ohne die innere Stabilität zu gefährden? Wie waren Kreativität und Disziplin, Eigeninitiative und Kontrolle miteinander zu verbinden?

Unmittelbar nach Stalins Tod schien es am wenigsten wahrscheinlich, daß ausgerechnet Chruschtschow die anderen Vertreter der alten Garde im Kampf um die Macht herausfordern würde. Es gelang ihm dennoch, sich Schritt für Schritt an die Spitze der Partei zu manövrieren - nicht zuletzt deshalb, weil er etwas weniger tief in den stalinschen Terror verstrickt war, was ihm mehr Glaubwürdigkeit bei den anstehenden Reformen verlieh. Er schaffte es, innerhalb weniger Wochen seinen gefährlichsten Rivalen, Berija, auszuschalten, der keinen Zweifel an seinem Machtanspruch gelassen hatte und dafür bereit war, den ihm unterstellten Sicherheitsapparat und die Truppen des Innenministeriums skrupellos einzusetzen. Andererseits wollte Berija bei einigen Reformen weiter gehen als andere. Chruschtschow überzeugte seine Rivalen von der Bedrohung, die Berija für *alle* bedeutete - und so schmiedeten sie ein Komplott, um ihn auszuschalten. Am 26. Juni 1953 wurde Berija am Beginn einer Sitzung des Parteipräsidiums von führenden Generälen, darunter Georgi Shukow, dem Helden des Zweiten Weltkrieges, festgenommen und ein halbes Jahr später erschossen. Der Machtkampf verlief blutig wie eh und je - Berija wurde samt seiner Komplizen auf jene Art und Weise beseitigt, wie es Stalin zuvor jahrzehntelang vorgemacht hatte.

Chruschtschow hatte sich durchgesetzt. Eine weitere Vorentscheidung in der Machtfrage fiel auf dem Plenum des Zentralkomitees im September 1953, das ihn zum Ersten Sekretär des ZK wählte - nicht zum Generalsekretär, da dieser Titel durch Stalin diskreditiert war. Nun standen sich noch zwei Konkurrenten in einer Art Doppelherrschaft gegenüber: Chruschtschow und Malenkow. Der Erste

Sekretär bereitete den Sturz des Ministerpräsidenten gewissenhaft vor, der zweifellos sein klügster und fähigster Rivale war. Während Chruschtschow sich vor allem auf den Parteiapparat stützte, beabsichtigte Malenkow, sich eine Basis in der neuen Generation der Wirtschaftsmanager und Technokraten zu schaffen. Neben weiteren innen- und außenpolitischen Reformen – wie etwa eine Lockerung der Zensur – plante er sogar in einem bestimmten Umfang Investitionskürzungen in der Schwer- und Rüstungsindustrie zugunsten der Konsumgüterindustrie und die Senkung der Lebensmittelpreise. Chruschtschow verbündete sich mit den Konservativen in der Parteiführung gegen Malenkow und dessen angeblich zu liberales Reformprogramm, um dann, nach dessen Sturz im Februar 1955, einen Teil davon selbst zu übernehmen. Damit war die Doppelherrschaft beendet. Nachfolger Malenkows wurde Bulganin, dem es jedoch bis zu seiner Ablösung im März 1958 niemals gelang, aus dem Schatten des Ersten Sekretärs herauszutreten.

Unmittelbar nach Stalins Beerdigung machten seine Nachfolger vorsichtig erste Schritte in Richtung Entstalinisierung: Der Verstorbene wurde kaum noch zitiert, sein Name tauchte immer seltener in den Medien auf, seine Bilder verschwanden aus der Öffentlichkeit. Der Unersetzbare erwies sich durchaus als ersetzbar, und dies in atemberaubend kurzer Zeit. Zwar betonte man rituell noch Loyalität gegenüber dem alten Führer, kritische Untertöne waren aber kaum zu überhören. Die häufige Verwendung der Begriffe »kollektive Führung« und »Personenkult« signalisierte Distanz zur Vergangenheit. Die willkürlichen Verhaftungen hörten schnell auf – »sozialistische Gesetzlichkeit« lautete der neue Schlüsselbegriff. Allmählich reiften die Voraussetzungen für einen weitergehenden gesellschaftlichen Wandel und ein geistiges Erwachen heran: »die dumpfe Angst, der blinde Glauben begannen zu weichen«. Literatur und Presse spielten dabei eine besondere Rolle. Schriftsteller und Journalisten, zum Teil auch Historiker, reagierten schneller und sensibler als andere auf diese Veränderungen und trieben sie voran. Der Titel eines Romans von Ilja Ehrenburg gab der neuen Zeit ihren Namen: *Tauwetter.* Die Literaten griffen Themen wie Korruption von Partei- und Staatsfunktionären und Machtmißbrauch auf, die bis dahin tabu gewesen waren. Die Zeitschrift *Novy Mir* erwarb sich unter ihrem neuen Herausgeber Alexander Twardowski besonderes

Ansehen. Literatur wurde zum Symbol und Barometer des Wandels, zur Plattform einer geistig-intellektuellen Erneuerung.

Für Erneuerung wollte auch der jüngste und erste katholische Präsident der Vereinigten Staaten eintreten: John F. Kennedy stand am 20. Januar 1961 trotz klirrender Kälte ohne Mantel und Kopfbedeckung auf den Stufen des Kapitols und hielt seine Antrittsrede. Sie war nicht einmal drei Druckseiten lang, aber stilistisch ausgefeilt und bis zuletzt von seinen Beratern und ihm selbst immer wieder überarbeitet worden. Sie beschrieb die Vision eines neuen, fortschrittlichen Amerikas, das an die großen revolutionären Traditionen seiner Geschichte anknüpfen und in der Lage sein würde, Schwierigkeiten im Innern wie im internationalen Leben zu lösen und zu neuer nationaler Größe aufzusteigen. Hubert Humphry nannte Kennedys Inauguralrede »die amerikanische Botschaft an die Welt – ein wahres Bild unseres Landes«. Kennedys Erscheinung demonstrierte Jugend, Kraft und Gesundheit. Die Rede lieferte seine Interpretation und sein Verständnis des amerikanischen Traums, der amerikanischen Mission für die Welt. An erster Stelle stand das Bekenntnis zu Freiheit und Menschenrechten. Seine Sätze waren brillant formuliert und zugleich voller Pathos. Doch sie enthielten kaum konkrete Aussagen zu den innen- und sozialpolitischen Problemen im Land. Die Bürgerrechtsbewegung erwähnte er mit keinem Wort. In seinen Überlegungen zur amerikanischen Außenpolitik plädierte er dafür, den Völkern der Dritten Welt im Kampf gegen die Armut Hilfe zur Selbsthilfe zu bieten, und zwar nicht, weil das Elend sonst die Kommunisten auf den Plan riefe, sondern weil es recht sei. Der Mensch besäße einerseits die Macht, alle Formen der Armut zu überwinden, andererseits könne er auch alles Leben auf der Erde vernichten. Für Mittel- und Südamerika kündigte Kennedy die Bildung einer »Allianz für den Fortschritt« an, »um freien Menschen und freien Regierungen zu helfen, die Ketten der Armut abzuwerfen« – aber auch, um jeder »Agression oder Subversion« in den beiden Teilen Amerikas zu widerstehen. Diese Formulierung richtete sich eindeutig gegen die Sowjetunion und Kuba. Eine große, globale Koalition von Nord und Süd, West und Ost müsse gegen die gemeinsamen Feinde der Menschheit vorgehen: Tyrannei, Armut, Krankheit und Krieg. »Wenn eine freie Gesellschaft nicht den vielen helfen kann, die arm sind, kann sie die wenigen nicht retten, die reich sind.« Mit diesem eindrucksvollen Satz ließ Kennedy allerdings offen, ob und wie das Problem der Armut im eigenen Land einbezogen sein sollte.

In der Rede fehlte die übliche Rhetorik des Kalten Krieges, auch wenn einige Klischees unverzichtbar blieben. Der Verurteilung der sowjetischen »Tyrannei« und dem eindeutigen Bekenntnis zur Politik der Stärke folgte der hoffnungsvolle Satz: »Laßt uns niemals aus Furcht verhandeln, laßt uns aber auch niemals fürchten zu verhandeln.« Die USA und die Sowjetunion sollten sich stärker den Problemen widmen, die sie verbänden, als solchen, die sie trennten. Statt nach Konfrontation müßten sie nach Kooperation streben. Gemeinsam könne man den Weltraum erforschen, die Wüsten fruchtbar machen, Krankheiten ausrotten, die Tiefe der Ozeane erkunden, die Künste und den Handel fördern. Kennedy schloß mit dem vielzitierten Appell an die Opferbereitschaft seiner Mitbürger: »Fragt nicht, was euer Land für euch tun kann, fragt, was ihr für euer Land tun könnt!«

Am Beginn seiner Präsidentschaft deutete Kennedy nur vorsichtig an, was viele seiner späteren Reden, besonders in den letzten Monaten vor seiner Ermordung, wesentlich klarer machten: Er glaubte nicht, daß sein Land vollkommen und der amerikanische Traum von einer gerechten Gesellschaft schon verwirklicht wäre. Vielmehr war er überzeugt, daß ein ständiger Wandel nötig sei. Dafür brauche man politische Macht, Vernunft und Ideen. Die notwendigen Veränderungen sollten nicht durch radikale Lösungen, sondern durch langsame, graduelle Verbesserungen auf den Weg gebracht werden. Dafür brauchte Kennedy den Konsens mit unterschiedlichen gesellschaftlichen Kräften. Er beschritt einen Weg behutsamer Reformen, die Kontinuität und Erneuerung zugleich signalisieren sollten.

Kennedy hielt die in den USA und der westlichen Welt herrschende Demokratie für die beste aller Regierungsformen. Bereits vor seiner Präsidentschaft, 1959, sagte er zu James MacGregor Burns, Herausgeber der ersten autorisierten Kennedy-Biographie: »Die ›magische Kraft‹ auf unserer Seite ist das Verlangen jedes Menschen, frei zu sein, jeder Nation, unabhängig zu sein. (...) Weil ich glaube, daß unser System der Natur des Menschen mehr entspricht, glaube ich, daß wir am Ende erfolgreich sind.« Die Rede seines Bruders Robert, die dieser am 22. Februar 1962 in West-Berlin hielt, brachte auch

John F. Kennedys Meinung auf den Punkt: »Wir sind hier in Berlin nicht einfach, weil wir gegen den Kommunismus sind. Wir sind hier, weil uns ein positives und fortschrittliches Bild von den Möglichkeiten einer freien Gesellschaft vorschwebt – weil wir in der Freiheit ein Mittel zur Verwirklichung des sozialen Fortschritts und der sozialen Gerechtigkeit sehen.« In einer Sonderbotschaft an den Kongreß betonte Kennedy 1961, das wichtigste Anliegen sei nicht die Bekämpfung des Kommunismus. Die grundlegende Aufgabe bestehe vielmehr darin, den historischen Beweis zu erbringen, daß im 20. Jahrhundert, wie schon im 19., auf der südlichen Hälfte des Globus wie auf der nördlichen, Wirtschaftswachstum und politische Demokratie sich Hand in Hand entwickeln können. In seiner Botschaft an die Inter-Amerikanische Konferenz zu Wirtschafts- und Sozialfragen in Punta del Este (Uruguay) erklärte er am 5. August 1961, alle Menschen hätten das Recht, »an unserem Fortschritt uneingeschränkt teilzuhaben. Denn im demokratischen Leben gibt es keinen Platz für Institutionen, die eine Minderheit begünstigen und der Mehrheit die Erfüllung ihrer Bedürfnisse verweigern.«

Kennedys Verständnis der amerikanischen Mission für die Welt entwickelte sich auch und gerade in der Auseinandersetzung mit der Sowjetunion. Er hielt die Zustände dort für Tyrannei und Despotie, die die westliche Ordnung beseitigen und sich über den ganzen Erdball ausbreiten wollten. Und um das zu verhindern, war er nötigenfalls auch zum Krieg bereit. Aber er erkannte, wie es sein intellektueller Berater Arthur M. Schlesinger formulierte, »keinen Endkampf zwischen demokratischem Gut und kommunistischem Böse, sondern ein undurchsichtiges, verwickeltes Drama, in dem Menschen, Institutionen und Ideale dem Laster der Selbstgerechtigkeit verfallen waren und die Menschheit an den Rand der Zerstörung zu führen drohten«.

Bei seinem Wiener Treffen mit Chruschtschow Anfang Juni 1961, als dieser aggressiv, unnachgiebig und massiv drohend seine marxistisch-leninistischen Grundüberzeugungen verfocht, versuchte der in theoretischen Diskussionen eher unerfahrene Kennedy das eigene Weltbild darzulegen. Er verstehe Chruschtschows Hinweis auf den Feudalismus und dessen Ablösung durch den Kapitalismus so, daß letzterer zwangsläufig durch den Kommunismus abgelöst werde. Eine solche Auffassung fand er beunruhigend. Gerade wenn Systeme im Wandel begriffen seien, bedürfe es großer Achtsamkeit, um gefährliche Zuspitzungen der Lage zu vermeiden, besonders beim aktuellen Entwicklungsstand der Waffentechnik. Für die Vereinigten Staaten, die in seiner Sicht eine revolutionäre, antikolonialistische Nation seien, schlug er eine Art von Waffenstillstand im Kalten Krieg vor, um den Erhalt des globalen Gleichgewichts der Kräfte zu garantieren. Chruschtschow und er könnten den Frieden nur bewahren, wenn sie weise handelten und jeder in seiner Sphäre bliebe.

In der Radio- und Fernsehansprache, die Kennedy nach seiner Rückkehr von den Wiener Gesprächen am 6. Juni 1961 hielt, erklärte er, Chruschtschow sei überzeugt, daß die Entwicklung »in seine Richtung geht und daß die Revolution aufstrebender Völker am Ende die kommunistische Revolution sein wird. (...) Mit gleicher Überzeugung glaube ich, die Zukunft wird beweisen, daß sie (die kommunistische Theorie – d. Verf.) falsch ist, daß Freiheit und Unabhängigkeit und Selbstbestimmung – nicht der Kommunismus – die Zukunft der Menschheit sein werden.« In einer Rede an der University of California in Berkeley am 23. März 1962 legte Kennedy seine Vision einer Welt dar, die von einer wachsenden Zahl freier Nationen bestimmt sein werde, die der westlichen Gesellschaftsordnung verwandt seien. »Niemand, der sich mit der modernen Welt beschäftigt, kann daran zweifeln, daß die großen Strömungen der Geschichte sie fort von der monolithischen zur pluralistischen Idee führen – fort vom Kommunismus und hin zu nationaler Unabhängigkeit und zur Freiheit.« Allerdings warnte er davor, den gesamten Globus nach amerikanischem Vorbild umgestalten zu wollen.

Über den Frieden und das friedliche Zusammenleben von Staaten mit unterschiedlichen Gesellschaftsordnungen, insbesondere der beiden Supermächte, sprach er in seiner berühmten Friedensrede an der American University in Washington am 10. Juni 1963. Der Friede sei »das wichtigste Thema auf Erden«, das »vernünftige Ziel vernünftiger Menschen«. Er strebe keine *Pax Americana* an, die der Welt mit Waffengewalt aufgezwungen werde. »Ich spreche von wahrem Frieden, jener Art des Friedens, die das Leben auf Erden lebenswert macht, jener Art, die es Menschen und Nationen ermöglicht, zu wachsen und zu hoffen und ein besseres Leben für ihre Kinder zu schaffen.« Keine Regierung und kein Gesellschaftssystem sei derart teuflisch, daß dem Volk ein Mangel an Tugenden unterstellt werden dürfe. Die Bürger der USA fänden den Kommunismus »zutiefst abstoßend, eine Negierung persönlicher Freiheit und Würde«. Dennoch dürfe dem sowjetischen Volk die Anerkennung für die vielen Errungenschaften in Wissenschaft, Wirtschaft und Kultur nicht verweigert werden. Es hätte in schwierigen Situationen oft Mut bewiesen. Wenn die beiden Supermächte ihre Differenzen schon nicht lösen könnten, sollten sie wenigstens dazu beitragen, die verschiedenen Anschauungen dieser Welt ohne Gefahr nebeneinander existieren zu lassen. Trotz aller Gegensätze müßten sie vom Gemeinsamen ausgehen, »daß wir alle diesen kleinen Planeten bewohnen. Wir alle atmen die gleiche Luft. Wir alle sorgen uns um die Zukunft unserer Kinder. Und wir alle sind sterblich.«

Auch Chruschtschow erhielt nach dem Ausschalten seiner Rivalen zunehmend Gelegenheit, seine Sicht der Welt darzulegen. Im Rechenschaftsbericht des Zentralkomitees an den XX. Parteitag der KPdSU im Februar 1956 und in seiner Geheimrede über den Personenkult formulierte er erstmals seine eigenen Vorstellungen vom Sozialismus: Im Wettbewerb der zwei Systeme werde man siegen, weil »die sozialistische Produktionsweise gegenüber der kapitalistischen entscheidende Vorzüge« besäße. Alle arbeitenden Menschen der Welt würden früher oder später für den Sozialismus optieren, wenn sie sich davon überzeugt hätten, welche Vorteile dieser mit sich bringe. Die Sowjetunion vollziehe den allmählichen Übergang vom Sozialismus, der ersten Phase des Kommunismus, zur zweiten, höheren Phase des eigentlichen Kommunismus. Trotz aller noch vorhandenen Probleme könne man bildlich gesprochen sagen, »wir haben einen solchen Berg, eine solche Höhe erklommen, von wo aus der weite Horizont auf dem Wege zum Endziel – zur kommunistischen Gesellschaft – bereits sichtbar ist«. Der Sowjetstaat wachse und erstarke, er rage als »ein mächtiger Leuchtturm empor, der der ganzen Menschheit den Weg in eine neue Welt« weise. Der Sozialismus sei eine Gesellschaftsordnung, »in der alle Quellen des gesellschaftlichen Reichtums überreich sprudeln, in der alle Menschen nach ihren Fähigkeiten begeistert arbeiten und dank ihrer Arbeit nach ihren Bedürfnissen leben werden«. In der Entschließung des XX. Parteitages hieß es, die Delegierten hielten es für erforderlich, im friedlichen wirtschaftlichen Wettbewerb mit dem Kapitalismus in historisch kürzester Frist die ökonomische Hauptaufgabe der Sowjetunion zu lösen. Sie bestehe darin, »gestützt auf die Vorzüge des sozialistischen Wirtschaftssystems, die am meisten entwickelten kapitalistischen Länder hinsichtlich der Produktion je Kopf der Bevölkerung einzuholen und zu überholen«.

Chruschtschow hielt seine Geheimrede in einer geschlossenen Sitzung des XX. Parteitages am 25. Februar 1956 gegen den Widerstand von Molotow, Kaganowitsch und anderer Konservativer. Mit der Kritik an Stalin sowie am Personenkult und mit der Verurteilung des Terrorregimes wollte er die Strukturen und Funktionsmechanismen der sowjetischen Gesellschaft vor inneren Erschütterungen bewahren und das System reformieren, um es zu stabilisieren. Er setzte sich zwar mit Verbrechen auseinander, die im Namen der staatstragenden Partei begangen worden waren, versuchte aber, allein Stalin dafür verantwortlich zu machen. Für die Geheimrede Chruschtschows gab es noch andere Gründe: Mit seinen Enthüllungen bestimmte er den Ausgangspunkt und die Notwendigkeit weiterer Reformen. Vermutlich wollte er auch persönliche Schuld wiedergutmachen, obwohl er davon kaum sprach. Er hoffte wahrscheinlich, das Verdienst für bereits begonnene und künftige Reformen uneingeschränkt für sich in Anspruch nehmen und so seine Positionen für weitere Auseinandersetzungen um die Macht festigen zu können. Chruschtschow plädierte schließlich für die Humanisierung aller Lebensbereiche der Sowjetunion, und er forderte, Willkür und Terror ein für allemal zu beenden. Obwohl er selbst nachweislich daran beteiligt gewesen war, hatte er möglicherweise erst allmählich das Ausmaß und die Brutalität der Unterdrückung begriffen und zeigte jetzt Entsetzen und Erschütterung. Die »Zusammenballung ungeheurer, unbegrenzter Macht in den Händen eines einzelnen« hätten, gekoppelt mit den negativen Charakterzügen Stalins, »zu einem folgenschweren Mißbrauch der Macht« geführt. Die Auseinandersetzung damit sei erforderlich, »um jede Möglichkeit einer Wiederholung, gleichgültig in welcher Form« auszuschließen. Chruschtschows Rede bedeutete einen großen, mutigen Schritt nach vorn. Für den Lyriker Andrej Wosnessenski war sie »ein ungeheures Risiko und ein Akt der Ehre« zugleich.

Nach dem XX. Parteitag wurde die Geheimrede Chruschtschows in allen Grundorganisationen der KPdSU verlesen, und an diesen

Veranstaltungen konnten als Gäste oft auch Parteilose teilnehmen. Die Führer der ausländischen kommunistischen Parteien erhielten ebenfalls den Text. Damit war klar, daß dieser mitnichten geheimgehalten werden sollte, auch wenn er in der Sowjetunion erst drei Jahrzehnte später offiziell veröffentlicht wurde. Am 4. Juni 1953 erschien eine aus dem State Department stammende amerikanische Übersetzung der Rede in der *New York Times,* zwei Tage später eine französische Übersetzung in *Le Monde.* Der Auftritt Chruschtschows auf dem XX. Parteitag sowie die Verbreitung seiner Rede veränderten die Sowjetunion. Millionen Unschuldiger wurden aus Gefängnissen und Lagern befreit, von Repressalien, Verleumdungen und Angst erlöst. Millionen wurden rehabilitiert, viele davon jedoch nur noch postum.

Seit 1956 wandelten sich auch Rechtspraxis und Rechtsbewußtsein. Nachdem geheime Aburteilungen ohne Gerichtsverfahren und Sondertribunale abgeschafft worden waren, sollte eine neue Gerichtsprozeßordnung den Bürgern mehr Sicherheit garantieren. Die Rechte des KGB (Komitet Gosudarstvennoj Bezopasnosti, Staatssicherheitskomitee) wurden beträchtlich eingeschränkt. Viele belastete Mitarbeiter mußten gehen und wurden durch jüngere, vorwiegend aus den Reihen des Komsomol, ersetzt. Die Neuerungen verliefen aber nicht nur reibungslos. Konservative aus der Führung und dem Parteiapparat versuchten, ihren Einfluß geltend zu machen und ihre Stellung zu verteidigen. Als innerhalb weniger Monate acht bis neun Millionen politische Gefangene freigelassen wurden und von ihren Leiden berichteten, löste das beträchtliche Unruhe und große Irritationen in der Bevölkerung aus. Die Frage, wie die Partei angesichts der erschütternden Enthüllungen ein Hort sozialistischer Demokratie sein konnte, wurde direkt oder indirekt immer lauter gestellt. Die Reaktionen der Öffentlichkeit bewogen Chruschtschow, das Tempo der Entstalinisierung erst einmal zu verlangsamen.

Auch die internationale kommunistische Bewegung reagierte auf die Enthüllungen nach dem XX. Parteitag mit Entsetzen. Vor allem in westlichen Ländern gerieten viele Parteien und deren Mitglieder, die bis dahin Angriffe auf Stalin meist als bürgerliche Hetze und Lüge zurückgewiesen hatten, in eine tiefe Sinnkrise – und nicht wenige gaben Chruschtschow dafür die Schuld. Doch es gab auch andere Stimmen: Palmiro Togliatti und große Teile der italienischen kommunistischen Partei beispielsweise plädierten für eine Fortsetzung der Entstalinisierung und für eine weitergehende Reformierung der sowjetischen Gesellschaft.

Der Aufstand in Ungarn im Herbst 1956 zeigte dann allerdings die Grenzen der Reformbereitschaft und beeinflußte die innenpolitischen Prozesse in der Sowjetunion nachhaltig. Nach langem Zögern – und vermutlich mit großen Skrupeln – entschlossen sich Chruschtschow und die anderen in der Parteiführung, sowjetische Truppen gegen die Aufständischen in Ungarn einzusetzen. Alexej Adshubej, der Schwiegersohn Chruschtschows, gab dessen Stimmung nach der Intervention in Ungarn wieder: »Es war nicht nur ein Häuflein von Konterrevolutionären, die unseren Truppen Widerstand leisteten. Chruschtschow verstand das. (...) Wir brachen mit dem Stalinismus und heraus kam, daß wir mit stalinschen Methoden in Ungarn vorgingen.« Die Furcht, daß es nach dem Aufstand in Ungarn 1956 in weiteren Ländern des sowjetischen Einflußbereiches zu ähnlichen Entwicklungen kommen könnte, trug dazu bei, daß der Prozeß der Reformen, der Demokratisierung und Humanisierung in der UdSSR erst einmal abgebremst wurde. Jedenfalls fühlte sich Chruschtschow zum Truppeneinsatz berechtigt, da kurz zuvor auch Großbritannien und Frankreich ihre Interessen in der Sueskrise militärisch hatten durchsetzen wollen: Im Sommer 1956 hatte Ägypten angekündigt, die Sueskanalgesellschaft zu verstaatlichen. Großbritannien und Frankreich bombardierten daraufhin die Kanalzone, mußten schließlich aber auf Druck der USA, der Sowjetunion und der UN nachgeben.

Nach seinem Amtsantritt lernte John F. Kennedy schnell den Unterschied zwischen Sonntagsreden und politischem Alltag kennen. Einkommen und Reichtum im Land blieben auch Anfang der sechziger Jahre höchst ungerecht verteilt – und damit auch die Macht und die Möglichkeiten der Menschen, auf die Politik sowie auf das eigene Schicksal Einfluß nehmen zu können. Mittlerweile verfügte etwa ein Prozent der Familien über rund ein Drittel des gesamten Privatvermögens in den USA. Vor allem Schwarze und Angehörige anderer ethnischer Minderheiten, aber auch Weiße litten inmitten des beispiellosen Wohlstandes unter bitterer Armut. Den Schwarzen wurden weiterhin elementare Menschen- und Bürgerrechte, in den Südstaaten selbst das Wahlrecht, verweigert. Rund 40 Millionen Menschen, etwa 20 Prozent der Familien, lebten 1959 unterhalb der offiziellen Armutsgrenze, der sogenannten *poverty line.* Und sie konnten kaum einen Nutzen aus den Regierungsprogrammen wie Wohnungsbaufinanzierung, Agrarpreisstützung, Sozialversicherung und Steuersenkung ziehen. Das U.S. Bureau of Labor Statistics ging 1959 sogar von beträchtlich höheren Armutszahlen aus, da aus seiner Sicht die *poverty line* zu niedrig angesetzt war. Drei von fünf farbigen Familien wohnten in baufälligen Häusern ohne fließendes Wasser. Die Arbeitslosigkeit unter Nichtweißen war zwei- bis dreimal so hoch wie die der Weißen. Nach Angaben des Bureau of the Census galten im Jahr 1966 41 Prozent der Nichtweißen und 12 Prozent der Weißen als arm. Von der Gesamtzahl der Armen in den USA waren allerdings wegen des überwiegenden weißen Bevölkerungsanteils grob geschätzt zwei Drittel Weiße und ein Drittel Nichtweiße. Viele waren schon in die Armut hineingeboren worden, und als einflußlose Minderheit, ohne Lobby und *pressure group*, waren sie zu diesem Zeitpunkt auch für Politiker von nur geringem Interesse. Viele lebten in den Slums des Nordens oder in den baufälligen, immer noch Sklavenunterkünften ähnelnden Baracken im Süden. Sie standen morgens hungrig auf, blieben tagsüber hungrig und gingen abends hungrig wieder schlafen. Ihre Armut war nicht die Folge rückständiger Produktivkräfte oder eines niedrigen Standes von Wissenschaft, Technik und Technologie, und sie resultierte auch nicht aus einem Mangel an Lebensmitteln. Die Armut bildete nur eine Insel inmitten von Wohlstand im reichsten Land der Erde. Die wirtschaftliche Lage der Mehrheit der Bevölkerung hatte sich gerade im vorangegangenen Jahrzehnt beispiellos verbessert und zu einem Lebensstandard geführt, von dem vorher nur geträumt werden konnte.

Das Phänomen der Benachteiligung der Schwarzen und das der Armut waren untrennbar miteinander verflochten. Von den Bürgern mit schwarzer Hautfarbe – etwa 12 Prozent der Bevölkerung – lebte fast die Hälfte unterhalb der Armutsgrenze. Diskriminierung und materielles Elend machten die Bürgerrechtsbewegung zum »Vehikel für den Protest der Armen«, zum »Fackelträger des sozialen Wandels«, wie Helen Ginsburg in einer 1972 erschienenen Arbeit mit dem Titel *Armut, Wirtschaft und Gesellschaft* schrieb: »Die schwarze Armut ist das Ergebnis von Ungerechtigkeit und Ausbeutung in mehr als drei Jahrhunderten – von brutaler Sklaverei und Halbsklaverei sowie der Verweigerung von wirtschaftlicher, sozialer und politischer Gleichheit. Sie ging aus vergangener Ungerechtigkeit hervor, aber ihre Fortdauer wird durch gegenwärtig anhaltende Ungleichheit und Ungerechtigkeit bedingt.«

Armut gab es im ganzen Land, aber besonders konzentrierte sie sich in den Tälern der Appalachen, eines Gebietes, das etwa die Ausdehnung von Großbritannien hat und vom Norden Pennsylvanias über West Virginia bis zum Norden von Alabama reicht. Große Konzerne hatten dort hemmungslosen Raubbau an Naturschätzen getrieben, der traditionelle Bergbau lag am Boden. Im Süden hatte das Elend der Schwarzen eine finstere Tradition. Ihre Vorfahren waren als Sklaven in das Land der Freiheit verschleppt worden, und jetzt fristeten sie dort als Landarbeiter, Pächter oder kleine Farmer ihr Dasein. 1954 hatte das Oberste Gericht der USA die Rassentrennung in den Schulen zwar für verfassungswidrig erklärt, doch schwarze Schüler waren in weißen Schulen nach wie vor nicht gerne (und kaum) gesehen. In öffentlichen Verkehrsmitteln mußten Schwarze weiterhin auf den hinteren Plätzen sitzen, in Restaurants und Bars für Weiße wurden sie nicht bedient. Und sie litten unter der Willkür und der Brutalität der Polizei.

Als die beiden entscheidenden Ursachen für die Armut im nationalen Maßstab galten weitverbreitete Niedriglöhne, die zum Teil so gering waren, daß sie selbst bei Vollbeschäftigung nur ein Leben unter oder knapp oberhalb der offiziellen Armutsgrenze ermöglichten. Hinzu kam zeitweilige oder lang anhaltende Arbeitslosigkeit. So bildeten eine weitere große Gruppe die von Altersarmut Betroffenen: 1964 waren es schätzungsweise mehr als fünf Millionen. Rückblickend und gleichzeitig vorausschauend bemerkte Arthur M. Schlesinger in seiner 1965 erschienenen Kennedy-Biographie: »Historikern des 21. Jahrhunderts wird es sicher Schwierigkeiten bereiten, zu erklären, warum neun Zehntel des amerikanischen Volkes, die sich Tag für Tag mit ihrer Gutherzigkeit, ihrer Großzügigkeit und ihrem historischen Einsatz für die Menschenrechte brüsteten, so lange Zeit stillschweigend der systematischen Entmenschlichung des restlichen Zehntels zusehen konnten – und das nicht nur ohne ein schlechtes Gewissen, sondern ohne sich überhaupt richtig Gedanken darüber zu machen. Der Schlüssel zu diesem Rätsel liegt in dem aus den Tiefen des weißen Unbewußten aufsteigenden Glauben an die naturgegebene Minderwertigkeit der Menschen dunkler Hautfarbe.«

Am Ende der fünfziger und zu Beginn der sechziger Jahre begann das Problem der chronischen Armut langsam in das Bewußtsein der Nation einzudringen. Das Auftreten der bereits erwähnten Bürgerrechtsbewegung und die Autorität ihrer Führer, vor allem Martin Luther Kings, brachten die unerträgliche Lage der Schwarzen im Süden und im Norden auf die Tagesordnung. Kampagnen für die Aufhebung der Rassentrennung an den Schulen und für die Zulassung schwarzer Studenten an den Universitäten nahmen zu. Sit-ins zur Registrierung schwarzer Wähler wurden organisiert, und die Proteste gewannen mit der Zeit an Radikalität. Militanz und Widerstand griffen auf die Städte des Nordens über, bis schließlich in der zweiten Hälfte der Sechziger Aufstände in den Ghettos von mehr als 150 Städten das Land zu spalten drohten.

Zeitgleich zu den Aktionen der Bürgerrechtsbewegung führte die Öffentlichkeit der sechziger Jahre eine ebenso intensive wie kontroverse Debatte über Armut: Zu bemerkenswerten Ergebnissen kam dabei eine im Auftrag des Präsidenten arbeitende »Commission on Income Maintenance Programs«, der Prominente aus Justiz, Wissenschaft, Politik und Arbeitsmarkt angehörten, aber auch Vorsitzende und Präsidenten von Banken, Versicherungsgesellschaften und Unternehmen. In ihrem nach den Aufständen im November 1969 veröffentlichten Report hieß es: »Unsere ökonomische und soziale Struktur schafft im Grunde genommen Armut für Millionen von Amerikanern. Arbeitslosigkeit und Unterbeschäftigung sind grundlegende Fakten des amerikanischen Lebens.«

1957 gerieten die internen Auseinandersetzungen in der sowjetischen Parteiführung zur offenen Konfrontation. Im Juni beantragten unter anderem Molotow, Malenkow und Kaganowitsch, Chruschtschow vom Amt des Ersten Sekretärs abzulösen. Der Vorwurf: sein Konzept der Entstalinisierung gehe zu weit. Die Reformen – so die Prognose der Rivalen – würden über kurz oder lang außer Kontrolle geraten und am Ende zum Chaos führen. Die Kritik betraf zum Teil tatsächlich unüberlegte Entscheidungen in der Wirtschaftspolitik sowie unhaltbare Versprechungen. Eine davon lautete, die USA in der Pro-Kopf-Produktion von Milch, Butter und Fleisch in kurzer Zeit zu überholen. Die große Mehrheit des Parteipräsidiums sprach sich gegen Chruschtschow aus und beschloß daraufhin, ihn abzulösen. Dieser weigerte sich allerdings und forderte statt dessen die sofortige Einberufung des Zentralkomitees, das ihn zum Ersten Sekretär gewählt habe und ihn daher auch nur absetzen könne. Mitglieder des ZK, die von den Vorgängen erfuhren, unterstützten diese Forderung: Verteidigungsminister Shukow holte in einer aufsehenerregenden Luftbrückenaktion zahlreiche Anhänger Chruschtschows aus allen Teilen des Landes nach Moskau. Angesichts des wachsenden Druckes blieb dem Präsidium schließlich nichts anderes übrig, als der Einberufung eines ZK-Plenums zuzustimmen. Von Anfang an gab es keinen Zweifel, daß Chruschtschow in diesem Gremium über eine klare Mehrheit verfügen würde. Molotow, Malenkow und Kaganowitsch wurden nach hitzigen Debatten schließlich als »parteifeindliche Gruppe« verurteilt und aus der Parteiführung ausgeschlossen. Sie sollten aber in weniger einflußreichen Positionen weiterarbeiten dürfen, was die internationale Öffentlichkeit allgemein als Ausdruck positiver Veränderungen in der Sowjetunion wertete. In der Konfrontation zwischen Präsidium und Zentralkomitee hatte sich letzteres durchgesetzt, ein sichtbares Indiz für wachsende innerparteiliche Demokratie und einmalig in der Geschichte der KPdSU. Chruschtschow behielt die Macht.

In der elementaren Frage von Krieg oder Frieden vertrat Chruschtschow die alte Vision der Arbeiterbewegung, daß der Sozialismus nicht nur die Ausbeutung des Menschen durch den Menschen beseitigen, sondern die Welt auch ein für allemal von Kriegen befreien werde: »In der Idee des Sozialismus selbst ist die Ablehnung des Krieges enthalten«, betonte er 1960 in einer Erklärung, die Vertretern französischer Gewerkschaften überreicht wurde. Seine Haltung zur realen Bedrohung des Friedens durch die gewaltigen Atomwaffenarsenale beider Supermächte war zweifelsohne pragmatischer, als es die mehr oder weniger stereotypen Äußerungen über den ewigen Frieden in einer postkapitalistischen Welt vermuten ließen. In dem von Chruschtschow vorgetragenen Bericht des Zentralkomitees an den XX. Parteitag der KPdSU hieß es, der marxistisch-leninistische Grundsatz, daß Kriege unvermeidlich seien, solange der Kapitalismus existiere, gelte prinzipiell nach wie vor. Angesichts der Veränderungen in der internationalen Arena gebe es aber »eine schicksalhafte Unvermeidbarkeit der Kriege« nicht mehr. Mittlerweile besäße man Mittel, »um die Entfesselung eines Krieges durch die Imperialisten zu verhindern«. In seiner Rede auf dem XXII. Parteitag kam er zum gleichen Fazit wie der amerikanische Präsident im Juni 1963 in seiner Ansprache an der American University: »In unserer Zeit kann und darf der Krieg nicht als Mittel zur Lösung internationaler Streitfragen dienen.« Am 19. Juli 1963, wenige Wochen nach Kennedys Friedensrede, sprach Chruschtschow über die unausweichliche Verseuchung der Erdatmosphäre nach einem mit Atomwaffen geführten Krieg und meinte, man könne nicht wissen, »wie der Zustand der Überlebenden sein wird, ob sie nicht die Toten beneiden werden«. Diese Formulierung beeindruckte den amerikanischen Präsidenten nachhaltig, wie er seine Mitarbeiter wissen ließ.

Zum Sozialismus- und Kommunismusbild Chruschtschows gehörten auch seine Sichtweisen von der Gesellschaftsordnung der westlichen Welt, insbesondere der USA. Nüchtern konstatierte er die ungerechte Verteilung des Reichtums und die fehlende Chancengleichheit der Menschen. Doch er unterschätzte in geradezu grotesker Weise die politische Stabilität, die wirtschaftliche Leistungskraft und Dynamik kapitalistischer Länder. »Eine rapide und allseitige Schwächung des Kapitalismus und eine neue Zuspitzung seiner allgemeinen Krise« waren Chruschtschows Ansicht nach die entscheidenden Ergebnisse der globalen Entwicklung. Die USA seien zwar die reichste und stärkste Macht der kapitalistischen Welt, sie würden aber »immer mehr zum Epizentrum der wirtschaftlichen Schwierigkeiten des Kapitalismus«. Solche Aussagen müssen sicherlich zu einem beträchtlichen Teil der Propaganda, der beiderseits üblichen Rhetorik des Kalten Krieges zugerechnet werden. Offenkundig beeinflußten sie aber ebenso in fataler Weise grundsätzliche und weitreichende Entscheidungen der praktischen Politik. Chruschtschow und die sowjetische Führung erlagen daher dem Irrglauben, den angeblich kriselnden Kapitalismus in zwei Jahrzehnten überholen zu können.

In seinen Memoiren schrieb Chruschtschow, wesentliche Erkenntnisse über den kapitalistischen Westen habe er während seines USA-Besuches 1959 in New York gewonnen, nach Maxim Gorki die »Stadt der gelben Teufel«. Nicht der Mensch zähle, sondern der Dollar. Jedermann denke an nichts anderes als an Geld. Der Profit stünde im Mittelpunkt. Der *American way of life* gelte zwar als Modell für eine freie Welt: »Aber was für eine Freiheit ist das? Es ist die Freiheit auszubeuten; die Freiheit zu rauben; die Freiheit, angesichts von Überproduktion zu verhungern; die Freiheit, arbeitslos zu werden, sobald die Produktionskapazität nicht voll ausgenutzt werden kann.« In seiner Rede auf dem XXII. Parteitag erklärte Chruschtschow: »Die Bourgeoisie verknüpft die Freiheit der Persönlichkeit mit dem Privateigentum. Aber Millionen Menschen in den kapitalistischen Ländern sind des Eigentums beraubt, und für sie ist das bürgerliche Eigentum kein Unterpfand der Freiheit.«

Chruschtschow verfocht seine Meinung mit Temperament und Schärfe. Zuspitzungen, Einseitigkeiten und maßlose Übertreibungen scheute er nicht: »Ich habe es gern, mich mit den Feinden der Arbeiterklasse zu raufen. Es ist mir angenehm zu hören, wie die Lakaien des Imperialismus toben.« Und: »Sie wissen sicherlich, daß ich ein Mensch unruhigen Charakters bin und kein Wiederkäuen mag.« Manchmal fand er aber auch leisere Töne: »Ein Wort ist kein Sperling, ist es einmal heraus, läßt es sich nicht wieder einfangen.« Und: »Nicht umsonst sagt man im Volke: Das Wort ist kein Pfeil und schlägt doch Wunden.« Der Prahlhans und das Großmaul Chruschtschow zeigten sich dagegen in Äußerungen wie der folgenden: »Möge der Kapitalismus seine Lebensfrist zu Ende leben, gleich einem alten Gaul, der, altersschwach geworden, letzten Endes alle viere von sich streckt und auf dem Schindanger endet.«

Kennedy hatte im Wahlkampf versprochen, die Mißstände im Land zu beseitigen, die Diskriminierung der Schwarzen und das Problem der Armut hatte er ausdrücklich in seine Kritik an der Eisenhower-Regierung einbezogen. Vor der traditionsreichen »National Association for the Advancement of Colored People« (NAACP) hatte er am 10. Juli 1960 erklärt, er wolle »keine Staatsbürgerschaft zweiter Klasse für irgendeinen Amerikaner irgendwo in diesem Lande. (...) Wenn wir mit Stolz auf die Fortschritte hinweisen, die wir bei der Verwirklichung des Traums unserer Vorväter von der Gleichheit aller Menschen gemacht haben, so dürfen wir doch nicht übersehen, wie weit der Weg dahin noch ist. (...) Unsere Aufgabe ist es, die amerikanische Vision von einer Gesellschaft, in der niemand wegen seiner Rasse diskriminiert wird, überall in unserem Land zu lebendiger Realität zu machen.« Kennedy wollte den Schwarzen auch im Süden das Wahlrecht einräumen, und sie sollten wie die Weißen in Betrieben arbeiten können, die Bundesaufträge erhielten. Zudem sollten ihnen die Ämter der Bundesverwaltung zugänglich gemacht werden, darunter auch der Auswärtige Dienst, in dem es gerade 26 *colored diplomats* gab. Er sprach sich eindeutig gegen Diskriminierung im Erziehungs- und Bildungswesen sowie beispielsweise bei der Wohnungssuche aus. All jenes stellte nur einen Teil der zahlreichen Versprechungen dar, die er im Wahlkampf machte. Der *Congressional Quarterly* zählte sie später und kam auf die stolze Zahl von 220.

Nach der Übernahme der Präsidentschaft im Januar 1961 zeigte sich jedoch bald, daß Kennedy nicht in der Lage und offenkundig auch nicht gewillt war, mit der versprochenen Entschlossenheit und Dynamik gegen Rassismus und Armut vorzugehen und rechtliche Gleichstellung sowie Chancengleichheit der Schwarzen durchzusetzen. Bei der Bildung seines Kabinetts und seines Mitarbeiterstabes entschied sich Kennedy, der »die Besten und die Klügsten« (*the best and the brightest*) finden wollte, weniger für engagierte Liberale als für Vertreter der politischen Mitte. Repräsentanten des Ostküsten-Establishment besetzten die Schlüsselpositionen der Regierung: Das Verteidigungsministerium übernahm Robert McNamara, zuvor Präsident der Ford Motor Company. David Halberstam beschrieb ihn später als »angespannt, kontrolliert, dynamisch – mit unglaublichem und unerbittlichem Durchsetzungsvermögen (…) Er war ein Mann, der Kraft ausstrahlte, Dinge in Bewegung brachte, vorantrieb, vollbrachte, (…) der Kann-ich-Mann in der Kann-ich-Gesellschaft in der Kann-ich-Ära.« Der Investment-Banker C. Douglas Dillon von der renommierten New Yorker Wall-Street-Firma Dillon, Read & Co., der schon unter Eisenhower hohes Regierungsmitglied gewesen war, zog als neuer Chef in das Finanzministerium ein. Auch Handelsminister Luther Hodges und Postminister Edward Day kamen aus der Wirtschaft. Außenminister wurde Dean Rusk, Präsident der Rockefeller Foundation, und nicht, wie von vielen erwartet, Adlai Stevenson, Gallionsfigur des amerikanischen Liberalismus jener Jahre, oder Chester Bowles, ebenfalls ein engagierter Liberaler. McGeorge Bundy übernahm das einflußreiche Amt des Nationalen Sicherheitsberaters. Zum Stab des Weißen Hauses, als Stellvertreter

Bundys, zählte der eher als Falke denn als Taube geltende Walt W. Rostow. Zum liberalen Flügel gehörten Kennedys Berater und Ghostwriter Theodore C. Sorensen, der Vorsitzende des »Council of Economic Advisers« Walter W. Heller und der Abrüstungssachverständige Jerome B. Wiesner. Zur allgemeinen Verwunderung wurde der politische Neuling Robert (Bobby) Kennedy zum Justizminister ernannt. Der 34jährige Bruder von John F. Kennedy erhielt das Amt auf Drängen von Vater Joe Kennedy. Der Präsident selbst hielt die Berufung zwar für ein peinliches Beispiel irischen Stammesdenkens, konnte sich aber gegen den väterlichen Willen nicht durchsetzen. Auf die Frage, wie er die Ernennung des Bruders bekanntgeben wolle, soll er geantwortet haben: »Ich werde wohl eines Morgens gegen zwei die Haustür in Georgetown aufmachen, mich vergewissern, daß niemand auf der Straße zu sehen ist, und flüstern: ›Es ist Bobby.‹« Die Berufung seines Sohnes Bobby in die Kennedy-Administration war eine der letzten politischen Einflußnahmen Joes, der im Dezember 1961 einen Schlaganfall erlitt und danach nicht mehr sprechen konnte.

Adlai Stevenson ging als Ständiger Vertreter der USA bei den Vereinten Nationen nach New York. Der liberale Wirtschaftswissenschaftler John Kenneth Galbraith erhielt den Posten des Botschafters in Indien, wo er neue Akzente in der Entwicklungspolitik setzen konnte. Chef des FBI blieb der Ultrarechte J. Edgar Hoover. An der Spitze des CIA stand weiterhin Allen W. Dulles, den die sowjetische Presse »den gefährlichsten Mann der Welt« zu nennen pflegte. Zu den Beratern Kennedys gehörte schließlich der bekannte Geschichtsprofessor Arthur M. Schlesinger. Einige Monate nach dessen Ernennung sagte der Präsident: »Manche von uns halten es für ratsam, sich mit den Historikern gut zu stellen und sie bei guter Laune zu halten, obwohl uns allen der Trost bleibt, den uns Winston Churchill gegeben hat. Er prophezeite im Zweiten Weltkrieg, die Geschichte werde glimpflich mit uns verfahren. ›Denn‹, so hat Mr. Churchill gesagt, ›ich gedenke, sie selbst zu schreiben.‹« Wenige Jahre später schrieb Schlesinger die Biographie Kennedys. Letzterer hatte ihn dafür rechtzeitig ins Weiße Haus geholt.

Der angesehene liberale Kommentator David S. Broder stellte fest, in der neuen Regierungsmannschaft seien, »wie in Noahs Arche, jeweils zwei von jeder Gattung vertreten: zwei Katholiken, zwei Juden, zwei Südstaatler, zwei Weststaatler, zwei aus dem Mittelwesten«. Thomas C. Reeves bemerkte jedoch das Fehlen einiger »Gattungen«: »Kennedys Frauensicht verbot es von selbst, daß Frauen in seinem Kabinett vertreten waren. Bis dato hatte noch nie ein Schwarzer dem Kabinett angehört, und auch Kennedy versäumte es, in dieser Hinsicht einen Präzedenzfall zu schaffen.«

Der Präsident wußte in den Anfangsjahren 1961 und 1962, daß der Kongreß einem Bürgerrechtsgesetz nicht zustimmen würde. Er brauchte die Unterstützung der Abgeordneten und der Senatoren seiner Partei aus dem Süden für andere Gesetze, die ihm wichtiger erschienen – vor allem für solche, die das wirtschaftliche Wachstum beschleunigen sollten. Um dies nicht aufs Spiel zu setzen, hielt er sich in der Bürgerrechtsfrage zurück und verzichtete auf entsprechende Vorlagen im Kongreß. Er hoffte, kleine Reformschritte könnten die schwarzen Wähler bei der Stange halten und gleichzeitig die Weißen in den Südstaaten nicht verprellen. Der einzige Bürgerrechtserlaß von 1961 rief einen Ausschuß ins Leben, der für Chancengleichheit auf dem Arbeitsmarkt sorgen sollte. Das Ergebnis war ein unverbindlicher Appell an Privatunternehmer, Diskriminierung am Arbeitsplatz nicht mehr zuzulassen – nach Meinung von Bürgerrechtlern eine Farce. 1961 überließ John F. Kennedy die heikle Bürgerrechtsfrage im wesentlichen seinem Bruder Robert und dessen Justizministerium. Robert Kennedy bemühte sich, schrittweise das Wahlrecht für Schwarze im Süden durchzusetzen. Widerstand schlug ihm aus den eigenen Reihen entgegen: Das ihm unterstellte FBI und dessen langjähriger Chef J. Edgar Hoover verfolgten Bürgerrechtsbewegung, Linke und alle, die sie dafür hielten, mit einem fast irrationalen Haß. Sie diskreditierten und bekämpften ihre Feinde mit den Mitteln des Gesetzes, aber auch mit anderen Methoden, die außerhalb jeder Legitimation standen. Dennoch stellte Präsident Kennedy etwa 40 Schwarze ein, die vergleichsweise hohe Posten in Regierung und Verwaltung bekamen. Der Kongreß verabschiedete auf seinen Vorschlag hin ein Gesetz zur regionalen Entwicklungsplanung, das öffentliche Investitionen in Notstandsregionen wie West Virginia ermöglichte. Damit sollten vor allem die Arbeits- und Lebensbedingungen der damals sogenannten »negros« und anderer ethnischer Minoritäten verbessert werden. Auf Drängen Kennedys beschloß der Kongreß ein Rahmengesetz für den Wohnungsbau, ein

Landwirtschaftsgesetz, die Erhöhung des Mindestlohns, die Ausweitung der Sozialversicherung, Hilfe für minderjährige Kinder von Arbeitslosen, Unterstützung bei kurzfristiger Arbeitslosigkeit und ein Programm zur Bekämpfung der Jugendkriminalität. Die Ergebnisse dieser sozialpolitischen Maßnahmen waren – verglichen mit ihren hohen Ansprüchen – allerdings nur bescheiden. So war beispielsweise das Ausgangsniveau des Mindestlohnes so gering gewesen, daß selbst eine Erhöhung nicht ausreichte, um damit einen erträglichen Lebensunterhalt auch nur annähernd zu sichern.

John F. Kennedy und sein Bruder Robert hofften, die Bürgerrechtsfrage würde sich allmählich durch Verständigung und Kompromisse von selbst lösen. Sie waren vor allem daran interessiert, explosive Konfrontationen zu vermeiden und den sozialen Frieden in einem Mindestmaß zu erhalten. Von den Schwarzen forderten sie Zurückhaltung und Geduld. Die Bürgerrechtler waren enttäuscht und warfen dem Präsidenten mangelnde moralische Führung vor. Die Gründe für Kennedys zögerliches Vorgehen erkannten diese nicht nur in den Problemen mit dem Kongreß, sondern auch in seiner Herkunft aus der reichen weißen Oberschicht. Die politische Wirklichkeit widersprach nach Ansicht der Bürgerrechtler nur zu deutlich der Rhetorik und dem Image Kennedys. Nach einem Telefongespräch mit Robert Kennedy und dessen Stellvertreter Burke Marshall meinte Martin Luther King zu Freunden: »Wißt ihr, sie verstehen die soziale Revolution, die um die Welt geht, nicht, und deshalb verstehen sie auch nicht, was wir tun.«

Bis 1963 unterschätzten John F. Kennedy und sein Bruder Robert die tatsächliche Stärke und die potentielle Militanz der Bürgerrechtsbewegung. Zugleich überschätzten sie deren Leidensfähigkeit und Geduld. Die Eskalation der Auseinandersetzungen traf die Kennedys daher mehr oder weniger unvorbereitet. Im Sommer 1963 schwappten immer neue Wellen der Gewalt über das Land, und auch Weiße solidarisierten sich zunehmend mit den Bürgerrechtlern. Viele hatten im Fernsehen gesehen, wie geifernde Polizeihunde auf schwarze Mitbürger gehetzt wurden, wie fanatisierte Rassisten auf Bürgerrechtler einschlugen, sie mit Steinen bewarfen und auf sie schossen.

Nun verstand auch der Präsident, daß er nicht länger warten durfte: Am 11. Juni, einen Tag nach seiner Friedensrede an der

American University, hielt er eine Radio- und Fernsehansprache zur Frage der Bürgerrechte in den USA. Eindringlich wies er darauf hin, daß die amerikanische Nation von Menschen vieler Nationen und unterschiedlicher Herkunft geschaffen worden sei. Sie basiere auf dem Grundsatz, »daß alle Menschen von Natur aus gleich sind und die Rechte eines jeden geschmälert werden, wenn die Rechte eines einzelnen bedroht sind«. Hundert Jahre, nachdem Präsident Abraham Lincoln die Sklaven befreit habe, befänden sich deren Nachkommen immer noch in den Fesseln der Ungerechtigkeit und seien sozial wie wirtschaftlich unterdrückt. Die amerikanische Nation könne aber nicht wirklich frei sein, solange das nicht für *alle* ihrer Bürger zutreffe. Kennedy betonte, die Vereinigten Staaten beanspruchten, das Land der Freiheit zu sein, und fragte, ob das nicht auch für Schwarze gelte, oder ob das hieße, »daß wir keine zweitrangigen Bürger haben, *außer* den Schwarzen, daß wir kein Klassen- oder Kastensystem haben, keine Ghettos, keine Herrenrasse, *außer* in bezug auf die Schwarzen«? Man könne nicht zehn Prozent der Bevölkerung jene Rechte verweigern, die alle anderen selbstverständlich besäßen. »Ich denke, wir schulden ihnen, und wir schulden uns ein besseres Land als das gegenwärtige.«

Am 19. Juni reichte er dem Kongreß die Vorlage eines Bürgerrechtsgesetzes ein: »Special Message on Civil Rights and Job Opportunities«. Es sollte die Diskriminierung der Schwarzen endgültig beenden: Sie sollten zusammen mit Weißen zur Schule gehen können, sich an Universitäten immatrikulieren und eine ordentliche Ausbildung erhalten. Rassendiskriminierung bei der Arbeitsplatz- und Wohnungssuche sollten der Vergangenheit angehören. Schwarze müßten wie Menschen weißer Hautfarbe behandelt werden, in Hotels, Restaurants, Theatern, Kinos, in der Bahn oder in Bussen. Wenn der Kongreß versäumen sollte, die erforderlichen legislativen Maßnahmen zu ergreifen, werde es nach Kennedys Worten »fortgesetzte, wenn nicht sogar verstärkte Rassenkämpfe geben – mit der Konsequenz, daß die Führung auf beiden Seiten aus den Händen vernünftiger und verantwortlicher Männer an jene übergeht, die für Haß und Gewalt eintreten, was eine Gefährdung der innenpolitischen Ruhe, einen Rückschlag für den wirtschaftlichen wie sozialen Fortschritt unserer Nation und eine Schwächung des Respekts bedeuten würde, den wir in der übrigen Welt genießen«. Auf den Zusammenhang zwischen Rassismus und Armut eingehend, betonte er: »In vielen unserer großen Städte sowohl im Norden als auch im Süden schafft die Arbeitslosigkeit unter schwarzen Jugendlichen, die oft 20 Prozent oder mehr betrifft, eine Atmosphäre der Frustration, des Unmuts und des Aufbegehrens, was nichts Gutes für die Zukunft verheißt.« Erst Arbeitsplätze verschafften den Bürgerrechten ihren ursprünglichen Sinn, denn: »Es ist von geringem Wert für einen Schwarzen, das Recht zu erhalten, Hotels und Restaurants zu besuchen, wenn er kein Geld in der Tasche und keinen Job hat.« Größeres Wirtschaftswachstum werde mehr Arbeitsplätze schaffen, eine bessere Ausbildung die Chancen der Schwarzen auf dem Arbeitsmarkt erhöhen. Damit knüpfte Kennedy an Überlegungen an, die ihn offenkundig schon vorher, wenn auch niemals so dringend, beschäftigt hatten. In seinen Notizen von 1945 und 1946 war ein Zitat von Thomas Jefferson zu finden: »Verbreitete Armut und konzentrierter Reichtum können in einer Demokratie nicht lange Seite an Seite existieren.«

Nach wie vor war unklar, ob Kennedys Vorlage für ein Bürgerrechtsgesetz im Kongreß die erforderliche Mehrheit finden würde. Die Demokraten aus den Südstaaten und der rechte Flügel der Republikaner hatten sofort zu verstehen gegeben, daß sie auf keinen Fall zustimmen würden. Am 28. August 1963 forderten 230 000 Menschen mit einem Marsch nach Washington Arbeit und Freiheit. Vor dem Lincoln Memorial hielt Martin Luther King die berühmte Rede über *seinen* Traum von Amerika. Die eindrucksvolle Demonstration ließ keinen Zweifel daran, daß man nicht mehr bereit war, länger zu warten.

Doch blieb auch Kennedy nicht viel Zeit, sich den Problemen wirklich zuzuwenden. In den Monaten vor seinem Tod beschäftigte er sich verstärkt mit der Armut Schwarzer und Weißer im Land und suchte nach Lösungen. Bereits Franklin D. Roosevelt wußte in seiner zweiten Antrittsrede am 20. Januar 1937: »Der Beweis für unseren Fortschritt besteht nicht darin, daß wir den Reichtum jener mehren, die viel haben, sondern darin, ob wir jenen genug geben, die zu wenig haben.« Im Unterschied zu Roosevelt wollte Kennedy nicht nur die Armut überwinden oder vermindern, sondern zugleich den Reichtum der Reichen sowie den Wohlstand der Mittelklasse mehren. Er beauftragte Walter Heller, den in sozialen Fragen besonders engagierten Vorsitzenden des »Council of Economic Advisers«, ihm entsprechende Vorschläge zu unterbreiten. Nach Kennedys Ermordung wurden sie Teil des Programms, das sein Nachfolger Lyndon B. Johnson »War on poverty« und »Great Society« nannte.

Trotz aller auch offiziellen Verurteilungen des Personenkults war der »große« Diktator Stalin noch Jahre nach seinem Tod deutlich präsent: Der Sarkophag mit dem einbalsamierten Leichnam stand neben dem Lenins weiterhin im Mausoleum auf dem Roten Platz, das täglich von Tausenden als Pilgerstätte besucht wurde. Städte, Straßen und Plätze, Fabriken, Kolchosen und Sowchosen trugen seinen Namen. Während viele der unter ihm ermordeten und später rehabilitierten Partei- und Staatsfunktionäre, Wissenschaftler und Künstler nach wie vor als Unpersonen galten, ließ die Presse keinen Geburts- oder Todestag Stalins unerwähnt. Chruschtschows Geheimrede vom XX. Parteitag wurde nicht veröffentlicht, auch wenn sie – wie bereits erwähnt – Mitglieder der Partei und viele Parteilose zweifellos kannten.

Fünf Jahre später hatten viele von Chruschtschows Reformen bereits zu wirken begonnen. In seinem Rechenschaftsbericht an den XXII. Parteitag der KPdSU im Oktober 1961 glaubte er, seiner kommunistischen Verheißung deutlich näher gekommen zu sein: »Jetzt dehnen wir freier unsere Brust, atmen leichter, blicken schärfer und klarer.« Der bevorstehende Aufbau des Kommunismus bedeute »den Anbruch der glücklichsten Ära in der Geschichte der Menschheit«, die Verwirklichung ihrer »lichtesten Ideale«, verkündete Chruschtschow in seiner Rede über das neue Parteiprogramm. Seit Jahrhunderten hätten die Menschen von einer Gesellschaft geträumt, in der es keine Ausbeutung und keine soziale und nationale Unterdrückung geben würde – und in der über den Köpfen der Menschen nicht länger die blutige Geißel des Krieges schwingen würde. Viele Helden seien für die Sache des Volkes den Tod der Tapferen gestorben: »Doch das Glück blieb immer nur ein Traum, und das Los der Völker waren Leid und Tränen.« Erst die marxistisch-leninistische Lehre habe »einen realen Weg zur Verwirklichung der Hoffnungen der arbeitenden Menschen gewiesen«.

Das wichtigste Ergebnis auf wirtschaftlichem Gebiet sei »die Durchsetzung des gesellschaftlichen Eigentums, die Beseitigung des

Privateigentums an Produktionsmitteln, das die schwersten Zusammenstöße von Klassen und Nationen hervorbringt«. Der Sozialismus habe bewiesen, daß das Privateigentum an Produktionsmitteln nicht »ewig und unerschütterlich« sei. »Die Ära der Herrschaft des gesellschaftlichen Eigentums« habe begonnen. Dabei sei aus Rußland – das als Land »des Hammers und der Schubkarre, der Sichel und des Spinnrades, (...) des Holzes, des Strohes und des Basts, (...) der Petroleumlampe und des Kienspans« gegolten habe – die Sowjetunion geworden: »ein Land der modernen Technik, höchstleistungsfähiger Werkzeugmaschinen, hochwertigster Präzisionsgeräte, automatischer Taktstraßen, der elektronischen Rechenmaschinen und der Weltraumschiffe, (...) ein Land des Stahls und des Aluminiums, des Zements und der Plaste«. Chruschtschow erinnerte an die berühmten Zeilen Nekrassows, die »von tiefem Weh um die Heimat und von leidenschaftlichem Glauben an ihre Kraft durchdrungen« seien:

> »Du bist armselig und reich,
> Mächtig und ohnmächtig zugleich,
> Mütterchen Rußland!«

Lenin habe die unbeugsame Entschlossenheit der Bolschewiki verkündet, um »›um jeden Preis durchzusetzen, daß Rußland aufhört, armselig und ohnmächtig zu sein, daß es im vollen Sinne des Wortes mächtig und reich werde‹. Und wir haben es erreicht!« fügte Chruschtschow hinzu. Die historische Mission des Sozialismus sollte nicht nur darin bestehen, wie er am 23. Mai 1963 auf einer Kundgebung in Moskau anläßlich des Besuches von Fidel Castro erklärte, »die alte Welt zu zerstören und ihren Staub von unseren Füßen zu schütteln«, sondern vor allem im Aufbau einer neuen Welt und in der Durchsetzung neuer menschlicher Beziehungen. »Unser Ideal ist (...) die Gleichheit und Brüderlichkeit aller Völker, die Beseitigung jedweder Ausbeutung – sowohl der klassenmäßigen als auch der nationalen.«

Auf dem XXII. Parteitag 1961 griff Chruschtschow erneut die Frage auf, wie der Personenkult und seine Folgen zu überwinden seien – die Vergangenheit bestimmte immer noch die aktuelle Diskussion. Etwa 20 Delegierte berichteten über die Verbrechen Stalins und jene seiner engsten Mitarbeiter in teils erschütternden Einzelheiten. Man beschloß daraufhin, den Leichnam Stalins aus dem Mausoleum zu entfernen. Noch während des Parteitages wurde er in ein Grab an der Kremlmauer umgebettet. In dem Gedicht *Stalins Erben* schrieb Jewgeni Jewtuschenko:

»Ich aber wende mich an die Regierung mit Sorge,
weist meine Bitte nicht ab:
Verdoppelt die Wachen,
verdreifacht sie
vor diesem Grab!
Damit Stalin für immer darinnen bleibt
und mit ihm, was vergangen sein soll.«

Nach dem Parteitag wurden die neuen Enthüllungen über den Stalin-Terror in der Öffentlichkeit leidenschaftlicher diskutiert als das neue Parteiprogramm mit seiner Forderung, innerhalb von zwei Jahrzehnten die Industriemächte des Westens wirtschaftlich zu überholen und den Kommunismus in der Sowjetunion aufzubauen. Der sowjetische Historiker und Chruschtschow-Biograph Roy Medwedjew beschreibt: »In ihren Zeitungen lasen die Sowjetbürger in erster Linie nicht das, was über die lichten Perspektiven der kommenden Jahre, sondern das, was über die finsteren dreißiger Jahre gesagt wurde.« Vielleicht wollte Chruschtschow mit der ungewohnten Offenheit der Entstalinisierung neue Impulse geben. Möglicherweise konnte er aber damit auch von den eigenen Problemen ablenken und seinem zunehmenden Autoritätsverlust entgegenwirken, der aus den zahlreichen Wirtschaftsproblemen resultierte. Die allgemeine gesellschaftliche Atmosphäre sowie der Prozeß einer sanften Demokratisierung profitierten jedenfalls von dieser intensiven Auseinandersetzung mit der Vergangenheit. Vor allem Künstler und Wissenschaftler bekamen dies zu spüren – wenn auch nur kurzfristig und recht widersprüchlich. Ein neues Tauwetter erreichte die verschiedenen Bereiche der sowjetischen Kultur: Viele Bücher handelten vom Stalin-Terror, den Leiden und Qualen in den Lagern und der Verschleppung jener, die nach 1945 aus deutscher Kriegsgefangenschaft zurückgekehrt waren. 1962 erschien – von Chruschtschow gefördert und vom Präsidium des Zentralkomitees gebilligt – Solschenizyns *Ein Tag im Leben des Iwan Denissowitsch* und löste ein starkes, auch internationales Echo aus. Einige der ehemals Verschleppten begannen, ihre Erinnerungen niederzuschreiben. Häufig im Selbstverlag (*Samisdat*) herausgegeben, fanden Memoiren, Erzählungen und Romane, die sich mit den vorangegangenen Jahrzehnten beschäftigten, einen großen und interessierten Leserkreis. Der *Samisdat* wurde zum Inbegriff einer neuen subkulturellen Institution in der Sowjetunion, die eine relativ autonome Kunst ermöglichte. Neue Kinofilme, die sich kritisch mit der Vergangenheit auseinandersetzten, fanden nach dem XX. und XXII. Parteitag ein großes Publikum – und auch international große Beachtung: *Wenn die Kraniche ziehen*, *Iwans Kindheit*, *Klarer Himmel*, *Ein Menschenschicksal* und *Neun Tage eines Jahres*. Sie drückten fernab von der sonst üblichen Schönfärberei und dem hohlen Pathos ein neues Lebensgefühl aus. Die gewonnene künstlerische Freiheit stieß allerdings immer wieder auf den Widerstand jener, die die alten Zustände wenigstens zum Teil erhalten wollten. So wurde 1961 der Roman *Leben und Schicksal* von Wassili Grosman verboten. Der damalige Sekretär des Zentralkomitees Michail Suslow teilte dem Autor mit, das Buch werde auch in 250 Jahren noch nicht erschienen sein. Es erschien 1988.

Chruschtschow sah im kritischen künstlerischen Schaffen vermutlich einerseits eine Unterstützung des von ihm geforderten und geförderten Prozesses der Entstalinisierung, andererseits beteiligte er sich auch häufig an den öffentlichen Angriffen gegen Schriftsteller und Maler. Als sich in den frühen sechziger Jahren Mißerfolge in der sowjetischen Wirtschaft häuften, wurde er immer gereizter und glaubte, künstlerische Werke ausschließlich politisch und ideologisch bewerten zu müssen. Ästhetische Aspekte spielten dabei für ihn nur eine untergeordnete Rolle. Er besaß kein Einfühlungsvermögen mehr, verlor sein Vertrauen in die Künstler und zeigte nur noch geringe Bereitschaft zum Zuhören. Schwiegersohn Adshubej meinte, in Chruschtschow zwei Menschen zu sehen: »Der eine erkannte, daß vernünftige Toleranz, Verständnis für die Position des Künstlers und die Möglichkeit, das reale Leben in all seinen tatsächlichen Widersprüchen darzustellen, notwendig sind. Der andere war der Auffassung, daß er das Recht hatte, sie anzuschreien, nicht zuhören zu müssen und keinen Widerspruch zu dulden.« Mit Ausnahme der schöngeistigen Literatur kannte er sich kaum oder wenig in Fragen der Kultur aus – und am wenigsten in der Malerei, wo ihn vorwiegend seine konservativen Berater beeinflußten. Als er im Dezember 1962 eine Ausstellung zeitgenössischer sowjetischer Kunst im historischen Manege-Gebäude in Moskau besuchte, tobte er vor den Bildern einer Gruppe von abstrakten Malern. Ihre Werke sähen aus, als habe sie ein Esel mit dem Schwanz gemalt, brüllte Chruschtschow. Seine Wut traf besonders den Bildhauer Ernst Neiswestny, der ihm als maßgeblicher Vertreter dieser Kunstrichtung vorgestellt wurde. Was unter Stalin absolut undenkbar gewesen wäre, erwies sich jetzt jedoch als möglich: Neiswestny widersprach vehement und verteidigte seine eigenen Arbeiten sowie die ausgestellten abstrakten Bilder. Wie er sich später erinnerte, beendete Chruschtschow die leidenschaftliche, laute und nicht gerade höflich geführte Debatte mit den Worten: »›Sie sind ein interessanter Mann. Solche Menschen gefallen mir. Aber in Ihnen verbirgt sich gleichzeitig ein Engel und ein Teufel. Wenn der Teufel siegt, werden wir Sie vernichten. Wenn der Engel siegt, werden wir Ihnen helfen.‹ Und er reichte mir die Hand.«

4. Big business und Großer Plan – wirtschaftliche Reformen

»Der Rabenschwarm krächzt und verschwindet, die Großtat des Sowjetvolkes auf dem Neuland wird in Jahrhunderten weiterleben.«

Nikita Chruschtschow

»Wenn eine freie Gesellschaft nicht den vielen helfen kann, die arm sind, kann sie die wenigen nicht retten, die reich sind.«

John F. Kennedy

Chruschtschow und Kennedy wußten, daß der Streit der beiden Gesellschaftssysteme letztlich von der Leistung der jeweiligen Wirtschaftsordnung entschieden werden würde. Je effektiver und gerechter diese die Bedürfnisse der Menschen befriedigen konnte, desto größer wurde die Chance, auch moralisch zu siegen. Chruschtschow betonte immer wieder, man müsse die USA und die anderen westlichen Industriemächte ökonomisch überholen. Kennedy wußte, wie gefährlich dies sein könnte. Deshalb hatte er im Präsidentschaftswahlkampf von 1960 gefordert, das Wachstumstempo der amerikanischen Wirtschaft zu erhöhen.

Chruschtschows Wirtschaftsreformen sollten das Land weiter modernisieren und die Industrie leistungsstärker machen, um höhere Wachstumsraten, auch in der Konsumgüterproduktion, zu erreichen. Vor allem die Landwirtschaft bedurfte einer tiefgreifenden Veränderung, der Lebensstandard der Bevölkerung mußte erhöht werden. Ein wenn auch bescheidener Wohlstand sollte Arbeiter, Kolchos- und Sowchosbauern (*kolchosniki* und *sowchosniki*) sowie Intellektuelle dazu motivieren, mehr zu leisten. Partei- und Staatsbürokratie sollten so umgestaltet werden, daß sie die notwendigen Neuerungen unterstützen konnten, anstatt diese zu bremsen. Dabei sollten alle Reformen die Grundlagen der sowjetischen Ökonomie unverändert lassen. Dazu gehörten das gesellschaftlich-staatliche Eigentum an Produktionsmitteln, die zentrale Planung von Produktion und Verteilung sowie der Verzicht auf Marktmechanismen. Die Wirtschaft sollte extensiv wachsen – durch Vergrößerung des industriellen Potentials und der agrarisch genutzten Flächen, aber auch intensiv zulegen, durch höhere Arbeitsproduktivität, Effektivität und Flexibilität. Einen wesentlichen Faktor, wie er immer wieder betonte, sah Chruschtschow im »Enthusiasmus der Massen«, in ihrer Mobilisierung durch die Partei. Bessere materielle Anreize würden größeren persönlichen Nutzen aus der Arbeit bewirken und zu mehr Initiative, Fleiß und Kreativität motivieren. Deshalb sollten die Löhne, Gehälter und die Einkünfte der Bauern für landwirtschaftliche Produkte erhöht, das Angebot an Nahrungsmitteln und Konsumgütern verbessert, mehr Wohnungen gebaut und die extrem niedrigen Renten angehoben werden. Mehrfach versuchte man, die verkrustete Struktur der Bürokratie aufzubrechen und sie zu dezentralisieren.

Chruschtschow wollte mit seinen Reformen schnell wirksame Lösungen finden. Vorzeigbare Resultate mußten her. Für einen langsamen, dafür soliden und dauerhaften Fortschritt war seines Erachtens keine Zeit. Das hastige Tempo, in der amerikanischen Literatur spricht man von einem für zurückgebliebene Länder typischen *haste syndrom*, führte häufig zu unproduktiver Eile und überstürzten Entscheidungen. Die Möglichkeit, Neues erst einmal in einem begrenzten Rahmen auszuprobieren, um es dann im großen Maßstab anzuwenden, wurde kaum genutzt. Im Prinzip vernünftige Überlegungen bewirkten so am Ende häufig nichts Positives, sondern schadeten, statt zu nutzen. So scheiterte kreatives Potential, bevor es überhaupt seine Wirkung entfalten konnte.

Ein Beispiel war zweifellos die Landwirtschaft, die Chruschtschow von Kindesbeinen an kannte. Um höhere Erträge zu erzielen, beschloß man auf seinen Vorschlag hin, Neuland zu erschließen, riesige, bis dahin ungenutzte Flächen in Zentralasien und Westsibirien, vor allem im Norden Kasachstans. Dieser fruchtbare, jungfräuliche Boden versprach zunächst reiche Ernte. Er lag allerdings größtenteils in klimatisch ungünstigen Regionen, die häufig von Dürre und starken Stürmen heimgesucht wurden. Noch 1953 begannen die Vorbereitungen für das gigantische Projekt, das manche mit der Erschließung und Eroberung des amerikanischen Westens verglichen. Alle Hoffnungen lagen auf den jungen Siedlern der nachwachsenden Generation, die in 150 riesigen Sowchosen arbeiten sollten. Im Unterschied zu den Bauern der Kolchosen, die nur von den geringen Erträgen ihrer Kollektivwirtschaften und privaten Nebenwirtschaften lebten, waren die *sowchosniki* Staatsangestellte mit festem Lohn, Urlaub und einer Reihe anderer Privilegien. Bis 1956 wurden etwa 32 Millionen Hektar Ödland umgebrochen, zwischen 1954 und 1960 kamen insgesamt fast 42 Millionen Hektar unter den Pflug.

Um die Größenordnung des sowjetischen Getreideanbaus deutlich zu machen, seien die Zahlen für 1955, mit der ersten Ernte im Neuland, und für 1964, das Jahr der Ablösung Chruschtschows, angeführt, als sowohl in den alten Agrarregionen als auch in den neu erschlossenen Gebieten eine Rekordernte eingefahren wurde. 1955 wurden 104 Millionen Tonnen Getreide geerntet, davon 28 Millionen von Neuland- und Brachflächen. 1964 waren es insgesamt 152 Millionen Tonnen, eine Erhöhung um rund 50 Prozent. 66 Millionen Tonnen stammten aus gerade urbar gemachten Flächen. Abgesehen von 1964 sowie von 1956, 1958 und 1962 fielen die Ernten allerdings katastrophal niedrig aus. Das starke Auf und Ab war schlicht dem guten oder schlechten Wetter geschuldet. Und weitere Faktoren gewannen im Laufe der Zeit an Bedeutung: Der fruchtbare Boden des Neulandes wurde durch Monokultur und Mangel an (künstlichem) Dünger innerhalb weniger Jahre ausgelaugt, die Erträge pro Hektar gingen zurück. Im Gesamtergebnis schlug sich das zunächst nicht nieder, da immer noch neue Flächen nutzbar gemacht wurden. Anfang der sechziger Jahre kam eine ökologische Katastrophe hinzu, mit der die Befürworter der Neulandkampagne nicht gerechnet hatten: Orkanartige Stürme wehten riesige Mengen des fruchtbaren Bodens davon – die Erosion begann. Chruschtschow unterlag derweil den Lobbyisten der Schwer- und Rüstungsindustrie, die verhinderten, daß ihre Investitionen und Ressourcen zugunsten der Landwirtschaft sowie der Leicht- und Konsumgüterindustrie gekürzt wurden. Die begonnene Reduzierung der Verteidigungsausgaben, die erhebliche Mittel freisetzen sollte, mußte ebenfalls unter dem Druck der Militärs gestoppt werden.

Die schwankenden landwirtschaftlichen Erträge und das fehlende Geld für die erforderliche Mechanisierung waren die Ursache dafür, daß auch der Viehbestand und damit das Fleischaufkommen nicht so zunahm, wie vorher großspurig angekündigt. Chruschtschow engagierte sich bis zur Grenze der Lächerlichkeit für den Anbau von Mais, die »Wurst am Stengel«, wie es in der Propaganda hieß. Mais sollte den Mangel an Futtermitteln wettmachen. So meinte Chruschtschow im Dezember 1958: »Die fortschrittlichen Menschen in den Kollektivwirtschaften haben einen Wettbewerb entfaltet, um die USA in der Produktion pro Kopf der Bevölkerung einzuholen. Um in einem Wettbewerb zu siegen, muß ein Reiter sich vor allem ein gutes Pferd aussuchen. Es scheint, daß man sich ein besseres Pferd als den Mais gar nicht aussuchen kann. Der Mais – das ist das Pferd, das wir brauchen.« Da nur wenige Gebiete in der Sowjetunion dafür aber wirklich geeignet waren, blieben die Ergebnisse weit hinter den Erwartungen zurück. In der zweiten Hälfte der fünfziger Jahre verbesserte sich in den sowjetischen Städten zwar das Angebot an Fleisch, Milchprodukten und anderen Lebensmitteln. Eine dauerhafte Lösung wurde aber nicht gefunden. Die Zunahme der Stadtbevölkerung brachte zudem neue Schwierigkeiten. Als Anfang der sechziger Jahre erneut ein akuter Mangel eintrat und 1962 die Verbraucherpreise für Fleisch um 30 Prozent stiegen, kam Unruhe auf: In der Stadt Nowotscherkassk wurden Streiks und Demonstrationen mit Waffengewalt unterdrückt.

Nichtsdestotrotz wuchs im Verlauf der Jahre die Wirtschaft, die Wachstumsraten waren beeindruckend. Das Bruttosozialprodukt stieg in den fünfziger und sechziger Jahren durchschnittlich um 5,7 beziehungsweise 5,2 Prozent. Vor allem die Industrie legte ein hohes Tempo vor. Die Produktion wuchs von 1953 bis 1960 jährlich um 10 bis 13 Prozent, von 1961 bis 1963 immerhin noch zwischen 8,1 und 9,5 Prozent. Nicht wenige westliche Ökonomen und Politiker hielten es für möglich, daß die UdSSR in absehbarer Zeit den Stand der entwickelten kapitalistischen Länder erreichen würde. Nach amerikanischen Schätzungen hatte der Umfang der sowjetischen Wirtschaft 1928 nur 25 Prozent der amerikanischen betragen. 1955 waren es schon 40 Prozent, 1965 etwa 50 Prozent und 1977 rund 60 Prozent. Danach vergrößerte sich der Abstand wieder.

Der wirtschaftliche Aufschwung von 1953 bis 1960 verbesserte die Lage der Bevölkerung spürbar – die Reallöhne stiegen, die Einkünfte der Kolchosbauern verdoppelten sich fast. Endlich erhielten sie Inlandspässe, mit denen sie ihre Dörfer verlassen konnten. Dienstleistungen wurden verbessert, mehr Lebensmittel und Konsumartikel kamen in die Läden. Chruschtschow setzte ein imposantes Wohnungsbauprogramm in Gang. Die neuen Wohngebiete, die meist an den Peripherien der Städte entstanden, boten zwar keinen Komfort, so daß der Volksmund sie ironisch »chruschtschoby« nannte, ein Wortspiel mit dem russischen »truschtschoby« (Elendsviertel). Doch Millionen Familien erhielten erstmals eine eigene Wohnung, was für sie ein großes Glück bedeutete. Das Bildungswesen wurde reformiert, das Schulgeld, das für die oberen, an die Universität heranführenden Klassen noch gezahlt werden mußte, wurde abgeschafft. Der Anteil der Arbeiterkinder an den höheren Bildungseinrichtungen stieg. Zu den sozialpolitischen Maßnahmen der fünfziger Jahre gehörten zudem eine Verkürzung der Arbeitszeit ohne Lohnminderung, die Verlängerung des Schwangerschaftsurlaubs und eine bescheidene Erhöhung der Renten, die bis dahin weit unter dem Existenzminimum gelegen hatten.

Zum XXII. Parteitag der KPdSU im Oktober 1961 zeichnete sich bereits ab, daß der wirtschaftliche Aufschwung der letzten Jahre an Dynamik verlor. Die große Hoffnung schwand, man könne die positive Entwicklung mit außerordentlich hohen jährlichen Wachstumsraten fortsetzen. Neue und alte Probleme in der Industrie, vor allem aber in der Landwirtschaft, waren nicht länger zu übersehen. Chruschtschow war jedoch nicht in der Lage, die Situation realistisch einzuschätzen. Jetzt wäre es an der Zeit gewesen, das Erreichte kritisch zu überprüfen und nüchtern abzuwägen, was sich bewährt hatte, was von alledem wünschenswert, erforderlich und machbar war. Doch der Erste Sekretär verfiel zunehmend in Wunschdenken und Selbsttäuschung. Und sein Realitätsverlust paarte sich mit Größenwahn. Er forderte, die Sowjetunion müsse den Westen innerhalb eines Jahrzehnts einholen und nach einem weiteren Jahrzehnt überholen. Er wollte nicht wahrhaben, daß sein Land trotz aller Fortschritte in vielerlei Hinsicht nach wie vor zurückgeblieben, ökonomisch labil und vom Wettrüsten weit mehr geschwächt war als die Gegenseite. Auf Moskauer Plakaten, die die Bevölkerung mit schwülstigen Phrasen mobilisieren sollten, war oft als handschriftlicher Zusatz die alte Autofahrerregel zu lesen: »Bist Du nicht ganz sicher, überhole nicht!«

Für die Halsstarrigkeit Chruschtschows gab es mehrere Gründe: Mit seinen Versprechungen hoffte er, die Bevölkerung mobilisieren zu können, um die wirtschaftliche Entwicklung des Landes wieder zu beschleunigen. Außerdem wollte er von den eigenen Problemen ablenken und versuchte eine abenteuerliche Flucht nach vorn. Letztlich war es ihm nicht gelungen, das ineffektive bürokratische System wirklich zu verändern, es den neuen Bedingungen und Bedürfnissen im Lande anzupassen. Wie Donald Filtzer schreibt, mag Chruschtschow »›sein Land in einem besseren Zustand übergeben haben, als er es vorgefunden hatte‹; es war aber immer noch ein System, das unter seinen Nachfolgern allzu leicht in einen Zustand ökonomischer, sozialer und politischer Stagnation verfiel«. Nach Meinung von Manfred Hildermeier erlebte die Sowjetunion unter Chruschtschow »zwar kein ›Wirtschaftswunder‹, aber eine beachtliche ökonomische Konsolidierung. Sie hatte nur das Pech, daß ihr Ausgangsniveau sehr niedrig war und die Kosten der neuen Weltmachtrolle ihre wirtschaftliche Leistungskraft überforderten.«

Die Wirtschaftsindikatoren vom Ende der zwanziger bis zur Mitte der achtziger Jahre zeigen, daß die UdSSR unter Chruschtschow vergleichsweise eine Blütezeit erlebte – vor allem von 1953 bis 1959 verbesserte sich der Lebensstandard der Menschen spürbar. In den sechziger Jahren verlangsamte sich das Wachstum, war aber immer noch beachtlich. Von der Mitte der siebziger Jahre an begannen dann Stagnation, Niedergang und Verfall, die bis zur Auflösung der Sowjetunion 1991 und darüber hinaus andauerten. Besonders problematisch war die Entwicklung der Verteidigungsausgaben. Nach beispiellosen Steigerungsraten von jährlich fast 27 Prozent im Jahrzehnt vor dem Zweiten Weltkrieg gingen diese in der Nachkriegszeit beträchtlich zurück, unter Chruschtschow in den fünfziger Jahren pro Jahr um 2,1 Prozent. In den sechziger Jahren, vor allem nach 1964, schossen sie wieder steil nach oben, mit einer durchschnittlichen Erhöhung um 6,1 Prozent pro Jahr. Als Folge dieser gewaltigen Rüstungsanstrengung erreichte die UdSSR am Ende des Jahrzehnts tatsächlich die seit langem angestrebte militärstrategische Parität mit den USA, womit sie im Selbstverständnis des Kreml wirklich und endgültig zur zweiten Supermacht wurde. Eben zu *diesem* Zeitpunkt begann der wirtschaftliche Niedergang des Landes.

Das *big business* hatte 1960 wie üblich die Republikanische Partei unterstützt und die Wahl des Demokraten Kennedy nicht gerade enthusiastisch begrüßt. Andererseits zweifelte man nicht im geringsten daran, auch mit einer von ihm geführten Regierung leben zu können. Im Hinblick auf den neuen Präsidenten gab es aber einige vage Befürchtungen, er habe zu viele liberale Berater und hege zu viel Sympathie für ein *big government*, das sich in den freien Markt einmischen wolle. Er sei zu ambitioniert, den Armen zu helfen, und werde sich zu stark für den Ausbau eines *welfare state* engagieren. Als bei der Bildung der neuen Regierung jedoch die drei Schlüsselministerien – Äußeres, Verteidigung und Finanzen – mit Wirtschaftsleuten besetzt wurden, war man bereit, in anderen Ämtern und als Berater Liberale und Intellektuelle, sogenannte *egg-heads*, hinzunehmen. Ernstlich belastet wurde das Verhältnis zwischen *big business* und dem Präsidenten erst, als sich dieser im April 1962 mit der »United States Steel Corporation« und anderen führenden Stahlkonzernen anlegte und sie zwang, eine überzogene Preiserhöhung rückgängig zu machen.

Hinzu kam ein gleichzeitig in der *New York Times* durch Indiskretion veröffentlichtes Geständnis Kennedys, er habe seinem Vater bisher nicht geglaubt, daß alle Geschäftsleute Hurensöhne (*sons of bitches*) seien. Das sehe er nun anders. Selbst seriöse, ansonsten öffentlichkeitsscheue Topmanager und Bankiers trugen fortan Anstecker mit der Aufschrift »S.O.B.« an den Revers ihrer eleganten Anzüge – die Anfangsbuchstaben von *Sons of Bitches*, aber auch von *Sons of Business* oder *Save our Business.* Sie kritisierten die Eingriffe in die Rechte des Managements lauthals und verlangten, weiterhin die Preise ohne Einmischung von außen bestimmen zu können. Kennedys Vorstoß sei ein Angriff auf die freie Wirtschaft und ein höchst gefährlicher Schritt in Richtung Sozialismus und Kommunismus. Die *Business Week* meinte sogar, der vom Präsidenten verursachte Schaden sei irreparabel. Wenige Wochen später, am 28. Mai 1962, stürzten die Börsenkurse. Die Wall Street erlebte den schwärzesten Tag seit 1929, dem Beginn der *Great Depression.* Der Dow-Jones-Index fiel über mehrere Wochen hinweg, und man gab Kennedy für all dies die Schuld.

Als die Wirtschaft jedoch von 1962 an immer stärker boomte – nicht zuletzt durch wirtschaftspolitische Entscheidungen der Kennedy-Administration – und die Profite steil nach oben kletterten, entspannte sich die Situation. In den Monaten vor seiner Ermordung waren die Beziehungen zwischen ihm und dem *big business* harmonischer als je zuvor. Der Kolumnist eines Finanzjournals meinte ironisch, wenn man dem Präsidenten vorwerfe, »anti-business« zu sein, könne man dem ultrakonservativen Senator Barry Goldwater mit der gleichen Berechtigung pro-kommunistische Gesinnung unterstellen.

Im ersten Jahr seiner Amtszeit erkannte Kennedy, wie Eisenhower vor ihm, in einem ausgeglichenen Staatshaushalt die Voraussetzung für Stabilität und Prosperität der Wirtschaft. Unter dem Einfluß des Neo-Keynesianers Walter W. Heller, Wirtschaftsprofessor und Vorsitzender des »Council of Economic Advisers«, löste er sich 1962 dann schrittweise von dieser Vorstellung. Im Sinne des britischen Nationalökonomen John Maynard Keynes (1883–1946) plädierte er nunmehr auch für den Eingriff staatlicher Maßnahmen, um die Wirtschaft zu stimulieren. In einer Rede an der Yale University am 11. Juni 1962 legte er sein Konzept der »New Economics« erstmals öffentlich dar, um es in der Folgezeit weiter zu präzisieren: Die größten Gefahren für die Wirtschaft seien nicht ein zeitweiliges Defizit des Staatshaushaltes und eine sich möglicherweise daraus ergebende Inflation, sondern zu geringes Wachstum, zu niedrige Profite, hohe Arbeitslosigkeit, unzureichende Investitionen und ungenügende Initiativen der Industrie. Steuersenkungen und erhöhte Staatsausgaben könnten gerade in Zeiten eines Budgetdefizits die Wirtschaft stimulieren, höhere Profite bringen, neue Investitionen bewirken, die Arbeitslosigkeit senken sowie steigende Löhne und damit eine größere Kaufkraft garantieren. Deshalb müßten die öffentlichen Ausgaben für Schulen, Universitäten, Kliniken und Autobahnen, für Sozialprogramme gegen Armut und nicht zuletzt für die Rüstung steigen. Am Ende könne der Staat auf diese Weise wesentlich mehr Steuern einnehmen und damit die zeitweilig gemachten Schulden mühelos wieder tilgen.

Seit dem Frühjahr 1962 trat Kennedy für massive Steuersenkungen ein, sowohl für die Wirtschaft als auch für die privaten Steuerzahler der oberen, mittleren und unteren Einkommen. Im Gegensatz zu den meisten Konservativen und den Lobbyisten der großen Konsortien und Banken ging er davon aus, daß niedrigere Steuern allein für Wohlhabende kaum die Kaufkraft vergrößern und infolgedessen keinen wirklichen Anreiz für neue Investitionen bieten würden. Die *business community* unterstützte zwar seinen Plan, die Steuern für *corporate profits* und die oberen Einkommensklassen zu senken, wollte aber keine Steuerkürzungen für mittlere und untere Einkommen. Vor allem aber bestand sie auf Kürzung der Staatsausgaben auf dem Gebiet der Sozialpolitik. Die Wirtschaft wollte eindeutig keinen *welfare state*, und sie bekämpfte verbissen die Absicht des Präsidenten, den Mindeststundenlohn per Gesetz auf 1,25 Dollar zu erhöhen – was immer noch nur für ein Leben unterhalb der offiziellen Armutsgrenze gereicht hätte. Schlesinger erklärte, der Wohlfahrtsstaat sei das beste Bollwerk gegen den Sozialismus. Dagegen brachte Senator Strom Thurmond aus South Carolina die konservative Auffassung der Gegenseite auf den Punkt: *Welfare state* und Sozialismus seien im wesentlichen identisch, es gebe keinen Unterschied!

Unter dem Druck des *big business,* das von einer Mehrheit des Kongresses unterstützt wurde, mußte sich Kennedy zunächst auf Steuersenkungen konzentrieren und auf höhere Staatsausgaben außerhalb des militärischen Bereiches verzichten. Liberale Kritiker warfen ihm deshalb einen konservativen, »reaktionären Keynesianismus« vor. Ende 1962 billigte der Kongreß einen *investment tax credit*: Sieben Prozent der Kosten für neue Investitionen konnten nunmehr von der Steuer abgesetzt werden. Im September 1963 stimmte das Repräsentantenhaus der vom Präsidenten geforderten Steuersenkung für Wirtschaft und private Haushalte aller Einkommensklassen zu. Der Senat schloß sich 1964 an.

Kennedy begann seine Politik der »New Economics« mit stärkerem staatlichen Einfluß auf die Wirtschaft, Erhöhung der Staatsausgaben und Senkung der Steuern. Sie brachte dem Land von Mitte 1961 bis 1968 kontinuierliches Wachstum, steigende Profite, sinkende Arbeitslosenzahlen und niedrige Inflation. Der Lebensstandard großer Teile der Bevölkerung nahm erheblich zu. Als wichtiger Wachstumsfaktor erwiesen sich die hohen Ausgaben für militärische Zwecke, die die Wirtschaft stimulierten und zugleich deformierten: Die forcierte Aufrüstung kostete etwa 17 Milliarden Dollar. Unter Kennedys Nachfolger Johnson eskalierte dann der Krieg in Vietnam. Für 1969 wurde ein Militärhaushalt von 79 Milliarden Dollar bewilligt, etwa neun Prozent des Bruttosozialprodukts. Als der Kongreß nach der Ermordung Kennedys höhere Wohlfahrtsausgaben ermöglichte, konnten neue Schichten der Bevölkerung, wenn auch in bescheidenem Maße, am Wohlstand teilnehmen. Die Zahl derjenigen, die unter der offiziellen Armutsgrenze lebten, ging bis zum Beginn der siebziger Jahre fast bis auf die Elf-Prozent-Marke zurück.

In den Jahren der Eisenhower-Regierung hatte das durchschnittliche jährliche Wachstum des Bruttosozialprodukts zwischen zwei und drei Prozent gelegen. Vom ersten Quartal 1961 bis zum vierten Quartal 1963 stieg es jährlich um durchschnittlich 5,4 Prozent. Das entsprach der Forderung Kennedys aus dem Wahlkampf, der Vorsprung der USA gegenüber der Sowjetunion dürfe sich nicht verringern. Durch die seit 1964 wirksam werdenden Steuersenkungen und (makabrerweise) den Vietnamkrieg lag die Wachstumsrate 1966 sogar höher als sechs Prozent. Die Arbeitslosigkeit sank von Jahr zu Jahr: von 7,7 Prozent im Januar 1961 auf 4,1 Prozent im Dezember 1965.

Das *Goldene Zeitalter* und der amerikanische Traum schienen endlich Wirklichkeit zu werden. Doch die Aufschlüsselung der Zahlen auf die verschiedenen Einkommensgruppen lieferte rasch ein anderes Bild. Die Profite stiegen wesentlich höher als die Löhne und Gehälter. Als die 1963/1964 vom Kongreß beschlossene Steuersenkung wirksam wurde, wuchsen die nach der Steuer erzielten Profite noch einmal deutlich mehr als die Einkommen der Arbeitnehmer. An der realistischen Einschätzung für die Zeit nach dem Zweiten Weltkrieg konnten somit auch die Jahre der Kennedy-Präsidentschaft nichts ändern: Etwa ein Drittel der Familien verfügte über 90 Prozent des gesamten Privatvermögens, ein zweites über neun Prozent und das ärmste Drittel über ein Prozent.

Die ausgeprägte wirtschaftliche Ungleichheit blieb jedoch nicht nur bestehen, sondern nahm sogar zu. Denn das gesellschaftliche System mit seinen tradierten Macht- und Herrschaftsstrukturen, das die Anhäufung gigantischer Vermögen in den Händen weniger ermöglichte und zugleich bittere Armut duldete, änderte sich nicht, auch wenn die Zahl der Armen zeitweise zurückging. Die soziale Wirklichkeit widersprach weiterhin dem Image einer Gesellschaft, die beanspruchte, allen Menschen gleiche Chancen, Rechte und Freiheiten zu bieten. Die Wirtschaftsimperien spielten eine kaum zu überschätzende Rolle – nicht nur ökonomisch, sondern auch gesellschaftlich und politisch. Bis heute schaffen große Vermögen zwar, wie Kleinsteuber meint, »noch keine politische Macht per se, aber sie machen es ihren Inhabern doch sehr viel leichter als Unbemittelten, ihr wirtschaftliches Potential in politische Macht umzusetzen«: Vertreter der Großindustrie – wie etwa McNamara – wechselten für kürzere oder längere Zeit in hohe Positionen der Administration. Viele Politiker, Militärs und Beamte, besonders aus dem Pentagon, gingen aber auch den Weg in die entgegengesetzte Richtung. Führende Industrieunternehmer und Bankiers nahmen Einfluß auf die politischen Prozesse, auf den Prozeß der Willensbildung und letztlich auf gesetzliche Entscheidungen. Sie finanzierten Wahlkämpfe (siehe Joe Kennedy) und übten damit Druck auf Abgeordnete und Senatoren aus. Ihre Anwälte und Lobbyisten besaßen Büros in Washington, wie beispielsweise der Spitzenverband »National Association of Manufacturers« (NAM). Der Meinungspluralismus ist, wie ein Vergleich der USA mit der Sowjetunion deutlich macht, eine große zivilisatorische Errungenschaft. Allerdings gibt es einen »Defekt«, wie der amerikanische Politologe E. E. Schattschneider schreibt: »Der Defekt im pluralistischen Himmel besteht darin, daß der himmlische Chor mit einem starken Oberklassenakzent singt.«

Kennedy erkannte im Unterschied zu Franklin D. Roosevelt nicht so sehr in der ungerechten Verteilung des Reichtums das Problem, sondern im unausgewogenen Verhältnis zwischen den großen gesellschaftlichen Kräften Kapital und Arbeit. Um das Übergewicht des ersteren etwas zu verringern, wollte er den Einfluß des Präsidenten als Moderator der Interessen stärken. Im Vordergrund stand für ihn immer »das Element des Einigenden, nicht das Trennende des Klassenkampfes«. Kennedy wußte, daß das *big business* über einen enormen Einfluß verfügte, und er akzeptierte den seit eh und je geltenden Grundsatz, daß es für einen Präsidenten der USA auf politischen Selbstmord hinausliefe, sich mit den Mächtigen der Wirtschaft anzulegen. Deshalb blieb seine Politik letztlich stets darauf ausgerichtet, deren Unterstützung zu sichern, durch Gesetzesinitiativen und andere Maßnahmen den Interessen von Industrie, Finanzkapital und Handel zu entsprechen sowie »stabile Rahmenbedingungen für unternehmerische Prosperität und unternehmerische Expansion zu schaffen«.

Kennedy glaubte, daß alles, was der Wirtschaft nutzte, mehr oder weniger automatisch auch von Vorteil für das Land und seine Bevölkerung war. Die Großaktionäre und Manager konnten deshalb uneingeschränkt davon ausgehen, daß »seine Politik darauf abzielte, die

Industrie zu Investitionen und Expansion anzuregen«. Es dürfte sie kaum gestört haben, daß er, wie sein Berater und späterer Biograph Arthur M. Schlesinger meinte, »dem Geschäftsethos fernstand, den Erwerbssinn nicht für den edelsten menschlichen Trieb und das Streben nach Profit nicht für die höchste Berufung hielt, (...) daß er erfolgreiche Geschäftsleute nicht als die klügsten Köpfe oder die angenehmste Gesellschaft betrachtete«.

Dieses Verständnis von der Gesellschaft, in der er lebte, die ihn prägte und zum Präsidenten machte, bestimmte letztlich auch seine Reformen in ihrer Vernunft und Weitsicht einerseits, aber auch in ihrer Halbherzigkeit und Ängstlichkeit andererseits. Im übergeordneten innen- und außenpolitischen Interesse des *American corporate capitalism* wollte er die schlimmsten Auswüchse der Armut im Land beseitigen, den Rassismus zurückdrängen und die schwarze Minderheit am Wohlstand teilhaben lassen. Seine Vorstellungen von den tieferen Ursachen der Probleme waren allerdings ziemlich vage. Wie Eisenhower strebte er nach einer von Harmonie geprägten Gesellschaft, appellierte an Einsicht und Verständnis, Zurückhaltung und Disziplin, an die Bereitschaft zu Kompromiß und Konsens, an Idealismus und Opferbereitschaft der verschiedenen Interessengruppen. Eine zumindest partielle Umverteilung des Reichtums von oben nach unten, wie sie die *New Deal*-Reformen Roosevelts vorgesehen hatten, war für ihn kein Thema. Kennedy war kein Apologet des politischen und sozialen Status quo, aber er wollte zweifelsohne ebensowenig die Strukturen und tradierten Beziehungen zwischen den Klassen und Schichten wirklich verändern. Kontinuierlichen, graduellen Wandel hielt er für unvermeidlich und wünschenswert, radikale Umwälzungen dagegen lehnte er ab.

Er wünschte, diejenigen, für die der amerikanische Traum immer ein Traum geblieben war, aus Not und Elend zu befreien, war aber nicht oder nur in engen Grenzen bereit, sich deshalb mit denen anzulegen, die ihre Besitzstände und Privilegien mit allen Mitteln verteidigen wollten. Er trat ohne Wenn und Aber für den Schutz des Privateigentums ein, begann zuletzt aber auch darüber nachzudenken, warum beträchtliche Teile der Bevölkerung überhaupt kein Eigentum besaßen – und daß zwischen Reichtum auf der einen und Armut auf der anderen Seite möglicherweise ein Zusammenhang bestand. Freiheit und Menschenrechte standen an der Spitze seiner politischen Werteskala. Erst kurz vor seinem Tod wurde ihm bewußt, daß Freiheit ohne Geld und Arbeit nur wenig bedeuten konnte. Die rechtliche Gleichstellung der schwarzen Bevölkerung hielt er für ein Gebot politischer Vernunft, elementarer Humanität und menschlicher Anständigkeit.

Viel schwerer tat er sich mit konkreten Maßnahmen, um der rechtlichen Gleichstellung eine ökonomisch-soziale Basis und Absicherung zu geben. Den Rassismus verachtete er, aber er wollte nicht recht zur Kenntnis nehmen, wie stark dieser gerade in hohen Wirtschaftskreisen verwurzelt war. Einflußreiche Gruppen zogen aus der Praxis des Rassismus beträchtliche finanzielle Gewinne und wollten darauf nicht verzichten. Eine soziale Marktwirtschaft, wie sie in westeuropäischen Ländern der Nachkriegszeit entstand, hielt Kennedy mit den amerikanischen Traditionen von Privatinitiative und möglichst geringer staatlicher Intervention für nicht vereinbar. Das Handeln aufgeklärter Eliten, mehr Bürgersinn und Bürgerinitiative entsprachen seinen Ambitionen, nicht aber ein radikaler demokratischer Wandel, wie er von sozialkritischen Intellektuellen und Künstlern, Linksliberalen und Linken verschiedener Couleur wie etwa Norman Mailer, Michael Harrington oder Irving Howe für notwendig gehalten wurde.

Ebenso wie Chruschtschow glaubte Kennedy, mit der ihm zur Verfügung stehenden Macht die Gesellschaft gestalten und verändern zu können. Klarer als sein Gegenspieler sah er allerdings, welch enge Grenzen ihm dabei gesetzt waren. Er hatte gesellschaftliche Visionen und war zugleich ein ausgesprochener Pragmatiker, er dachte in manchem wie ein Reformer und Erneuerer, stand aber im politischen Alltag vor allem für Kontinuität. Er besaß Ideale und handelte doch allzu oft opportunistisch, er bekannte sich zu hohen moralischen Prinzipien und war doch nur zu schnell bereit, diese preiszugeben, wenn es ihm politische Vorteile versprach.

Chruschtschow besaß an guten Tagen die Energie eines aktiven Vulkans. Sein Handeln glich »einer Art Energieausstoß in den freien Raum«. In der Öffentlichkeit präsentierte er sich als erfahrener Staatsmann, als ein mit allen Wassern gewaschener, durch nichts zu erschütternder Politiker – als jemand, »der seinen eigenen Kopf hatte und nichts unbeabsichtigt tat«. Oft gab er sich vital und unbeherrscht, hemdsärmelig und rauflustig, lärmend und polternd, zornig die Fäuste schüttelnd und anderen auch einmal den Vogel zeigend. Zurückhaltung, Bescheidenheit und diplomatisches Feingefühl gehörten nicht unbedingt zu seinen Stärken. Er galt als »Arbeiter-Revolutionär« mit »wenigen ungeschliffenen, dafür aber eisenharten Vorstellungen«, hatte vor allem gelernt, »zu agitieren, zu überzeugen, zu oktroyieren, Druck auszuüben und etwas durchzusetzen«. Er war mutig und suchte immer wieder nach ungewöhnlichen, schnellen Lösungen, neigte zum Risiko, ja, hin und wieder zum Abenteuer. Für Neues konnte er sich begeistern, doch Kritik vertrug er nicht, und Kränkungen und Geringschätzung seiner Person vergaß er nie. Stets war er auf Reputation bedacht und in geradezu naiver Weise stolz auf protokollarische Ehrungen. Andere führende Vertreter seines Landes konnte er jedoch auf peinliche Weise bloßstellen und in Verlegenheit bringen. In Gegenwart des wie versteinert dreinblickenden Andrej Gromyko sagte er einmal, dieser sehe Nixon ähnlich – dem Erzfeind Nummer eins.

Chruschtschow ging Veränderungen mit großem Optimismus und nach außen manchmal mit Populismus an. Trockene Theorie war seine Sache nicht. Dazu war er zu pragmatisch und lebensnah, auch wenn ihm der visionäre Blick nie verlorenging. Mit seinen Reformen erwies er sich als ein Mann des Übergangs und der Gegensätze, wie man sie sich schroffer in einer einzigen Person kaum vorstellen kann. Und in seiner Ambivalenz übertraf er seinen amerikanischen Gegenspieler noch bei weitem: Er gab Millionen Menschen ihre Freiheit zurück, schützte aber die meisten derjenigen, die ihnen

diese Freiheit genommen hatten. Millionen Ermordete ließ er rehabilitieren – und bewahrte die meisten der Denunzianten und Richter, der Folterknechte und Henker davor, zur Rechenschaft gezogen zu werden. Es schien ihm der einzig gangbare Weg zu sein: Hätte er konsequenter gehandelt, wäre er vermutlich frühzeitig gestürzt worden und hätte die Gesellschaft gespaltener zurückgelassen, als sie es ohnehin war.

Chruschtschow wollte sich aus der Umklammerung des bürokratischen Apparates lösen, dessen Befugnisse einschränken und ihn gleichzeitig effektiver machen. Die Herrschaftspyramide des von Stalin geschaffenen Systems konnte und wollte er aber nicht zerschlagen. Den Terror, die Repressalien und die Willkür schaffte er ab – der Bevölkerung gab er einige politische Rechte, neue Hoffnungen und Perspektiven zurück, aber er wollte sich nicht dem Druck freier Wahlen aussetzen. Mehrheitsentscheidungen in Fragen von weitreichender Bedeutung außerhalb des Präsidiums und des Zentralkomitees der KPdSU lehnte er kategorisch ab.

Mit der Neuerung kam die Furcht. Waren erst Reformen eingeleitet, wurde er niemals die Angst los, daß sie außer Kontrolle geraten könnten. Er schuf die Basis für erste Ansätze von Demokratie und Freiheit, versuchte, Engagement und kreative Mitarbeit möglichst vieler Bürger zu wecken – und erschrak immer wieder vor dem eigenen Mut. Dem Volk fühlte er sich eng verbunden und glaubte doch nicht, daß dieses ohne den seit Jahrhunderten gewohnten Zentralismus, ohne einen starken Herrscher an der Spitze, ohne die führende Rolle der *einen*, staatstragenden Partei, den richtigen Weg finden könne. Er trat für mehr Meinungsfreiheit ein, war jedoch nicht bereit, das Wahrheitsmonopol der Partei aufzugeben: Wirklichen Meinungspluralismus, Rede-, Presse- und Versammlungsfreiheit akzeptierte er nicht. Es gab keine effektiven demokratischen Mechanismen, um die Bevölkerung in politische Entscheidungen einzubeziehen oder Kritik an der Führung zuzulassen. Der Gedanke, daß eine Opposition nicht nur auf den Sturz der bestehenden Gesellschaftsordnung hinarbeiten müsse, sondern diese unter Umständen sogar stabilisieren könne, blieb ihm fremd. Mit großem Mut demontierte er den Personenkult Stalins, ließ aber zu, daß sich ein »eigener ›kleiner Personenkult‹« ausbreiten konnte. Er zerschlug die Stützpfeiler des Stalinismus, wuchs in vielerlei Hinsicht über das alte System hinaus – und blieb doch immer dessen Gefangener, weil er »den Stalinisten in sich nie endgültig besiegen konnte«.

Anfangs hatte er die Fähigkeit, anderen zuzuhören und aus Fehlern zu lernen, glaubte dann aber zunehmend an die eigene Unfehlbarkeit und ließ keine Argumente mehr zu. Er tat viel, um einen menschlichen Sozialismus zu schaffen – allerdings nur, weil er den bestehenden für naturgemäß gut und dem Kapitalismus weit überlegen hielt. Die Rechtssicherheit im Lande nahm unter Chruschtschow zu, aber es blieben zu viele Grauzonen für neuerliche Rechtsbeugungen. Er suchte das Gespräch mit einfachen Menschen, konnte deren Sehnsüchte feinfühlig erfassen und vermochte doch nicht, einen ehrlichen, konstruktiven Dialog zwischen Führung und Volk zustande zu bringen. Er wollte die Jugend für sich und seine Reformen begeistern, war jedoch nicht in der Lage, ihren kritischen Geist, ihre Dynamik und ihr Drängen in Kreativität umzuwandeln.

Für das Schaffen der Künstler bekundete er lebhaftes Interesse und stieß sie doch immer wieder vor den Kopf, da er sich anmaßte, allein nach politischen, ideologischen oder konventionellen Gesichtspunkten zu beurteilen, was gut oder schlecht sei. Toleranz in diesen Fragen war für ihn ein Fremdwort. Sein Urteil war einfach: »Schaut auf diese Tannen, auf ihren Schmuck, auf diese Schneeflokken, die spielen und in den Sonnenstrahlen funkeln, wie ist das unwahrscheinlich schön! Und da kommen die Modernisten, die Abstraktionisten, wollen diese Tannen mit den Wurzeln nach oben zeichnen und behaupten obendrein, das sei das Neue, das Progressive in der Kunst. Es ist unmöglich, daß eine solche Kunst jemals die Anerkennung normaler Menschen finden kann.«

Chruschtschow war seiner Weltanschauung gemäß überzeugt, daß die gesellschaftliche Entwicklung von objektiven Gesetzmäßigkeiten bestimmt werde. Zugleich glaubte er, daß dem Willen und der Energie des Menschen letztlich keine Grenzen gesetzt seien, daß mit Zielstrebigkeit, Organisation und Durchsetzungskraft Berge versetzt und, vor allem auf dem Gebiet der Wirtschaft, Unmögliches möglich gemacht werden könne. So erreichte er oft nicht einmal das Mögliche. Immerzu beschwor er Wunder, um die harten Realitäten und die angeblich ehernen Gesetzmäßigkeiten zu überlisten. Mit solchen Auffassungen entsprach er eindeutig sowjetischen und postsowjetischen Traditionen: Lenin hatte eine sozialistische Revolution ohne vorher ausgereiften Kapitalismus konzipiert, Stalin die Industrialisierung mit allen Mitteln durchgesetzt. Gorbatschow versuchte später, das Land innerhalb kürzester Zeit in seinen Grundfesten zu verändern, und Jelzin legte schließlich einen Blitzstart auf dem Weg zum Kapitalismus vor, der sofort funktionsfähig und von keinen sozialen Aspekten behindert sein sollte. Chruschtschow glaubte, »irgendwo in der Nähe existiere ein schnurgerader Weg zu einer Welt, in der es keine Ungerechtigkeit, Unmoral, Ehrlosigkeit gibt, in der alle Menschen Brüder sind«. Dorthin wollte er sein Land schnellstmöglich – in genau zwei Jahrzehnten – führen. Der Vorwurf Chrankshaws, der sowjetische Parteichef habe »die Grenzen der beklemmenden Halbwahrheiten seiner Kindergarten-Version vom Wesen des Marxismus« nie sprengen können, scheint jedoch ein wenig überzogen. Chruschtschows Schwiegersohn Alexej Adshubej charakterisierte ihn dagegen als »dem Leben nahe, er wollte Gutes für sein Volk, er wollte den Menschen Wohnungen geben, wollte sie satt machen und ihr Leben würdig gestalten«. Beide Einschätzungen spiegeln sich in Chruschtschows eigenen Worten wider: »Die Ideen von Marx sind natürlich sehr gut, aber wenn man sie mit Schweinefett bestreicht, so werden sie noch besser.«

Aber auch Jacques Roux' Satz, die Freiheit sei »ein leerer Wahn, solange eine Menschenklasse die andere ungestraft aushungern kann«, gab Chruschtschows Meinung wieder. Die Erkenntnis, daß Menschenrechte nicht nur »in Brüderlichkeitsphrasen eingewickelte Bourgeoisinteressen« sind, sondern »ein Stück festgeschriebene Fortschrittsgeschichte der Menschheit«, die keine Gesellschaft preisgeben darf, ohne sich und ihren Bürgern Schaden zuzufügen, blieb ihm verwehrt. In seinem Welt- und Menschenbild stand das Kollektiv im Mittelpunkt, die Rechte des Individuums waren nach- und untergeordnet. Der ursprüngliche Gedanke des Kommunistischen Manifests, es sei nötig, eine Assoziation zu schaffen, »worin die freie Entwicklung eines jeden die Bedingung für die freie Entwicklung aller ist«, war den Bolschewiki und damit auch Chruschtschow in den Jahrzehnten nach der Oktoberrevolution verlorengegangen.

Chruschtschow und Kennedy wollten jeweils ihre Gesellschaften auf der Basis ökonomischer Veränderungen reformieren, ohne die gegebenen Herrschaftsstrukturen ernstlich in Frage zu stellen. Ihre Veränderungen waren moderat, mehr im Sinne behutsamer, gradueller Verbesserungen denn tiefgreifender Umwälzungen. Und sie unterschieden sich beträchtlich von dem, was radikalere Gruppen beider Länder forderten: sozialkritische Intellektuelle und Künstler in den Vereinigten Staaten und der Sowjetunion, Linksliberale, alte und gerade sich bildende Neue Linke in den USA, Vorläufer der späteren Dissidenten in der UdSSR. Deren Vorstellungen von gesellschaftlicher Erneuerung konnten weder der Präsident noch der Erste Sekretär akzeptieren, ohne den Minimalkonsens der Regierenden und die Grundüberzeugungen ihrer jeweiligen politischen Klasse in Frage zu stellen. Und für beide stand fest, daß die eigene Gesellschaftsordnung – trotz aller Schwächen – anderen Ländern als Vorbild zu dienen habe: als »City upon a hill« mit ihrer Ausstrahlung auf den Rest der Welt beziehungsweise als »Leuchtturm des Fortschritts«, der den Völkern den Weg zum Kommunismus wies. Dem Chef des Weißen Hauses und dem Führer im Kreml fiel es bis zuletzt schwer, die Mechanismen und Triebkräfte des anderen Systems wirklich zu verstehen. Genau dieses Unverständnis und Mißtrauen, gepaart mit dem missionarischen und großspurigen Eifer der beiden Kontrahenten, schufen erst die Voraussetzungen dafür, daß die Welt im Jahre 1962 13 Tage lang am Abgrund eines Weltkriegs stand.

5. Zwischen Krieg und Frieden – Zeiten der Krise

»Obgleich ich Nichtraucher bin, so wäre ich doch wirklich glücklich, wenn ich die Friedenspfeife mit den Führern aller Mächte rauchen könnte.«

Nikita Chruschtschow

»Ich spreche von wahrem Frieden, jener Art des Friedens, die das Leben auf Erden lebenswert macht, jener Art, die es Menschen und Nationen ermöglicht, zu wachsen und zu hoffen und ein besseres Leben für ihre Kinder zu schaffen.«

John F. Kennedy

Statt der friedlichen *Einen Welt*, die nach dem Zweiten Weltkrieg in greifbare Nähe gerückt zu sein schien, entstanden zwei, sich in erbitterter Feindschaft gegenüberstehende Welten. Angesichts der Gefahr eines globalen Kernwaffenkrieges waren deren Schicksale jedoch untrennbar miteinander verflochten: eine *One World* spezifischer Art. Zu den zahlreichen Irrtümern und Fehleinschätzungen der Hauptbeteiligten des Kalten Krieges gehörte nach Meinung von Arthur M. Schlesinger eine ständige »Überinterpretation des Feindes«. Die USA und die UdSSR, Führungsmächte unterschiedlicher Gesellschafts- und Bündnissysteme, unterstellten sich jeweils gegenseitig, Zentren expansionistischer Bestrebungen zu sein. In einem beiderseitigen Zerrbild der Wirklichkeit verfügte der jeweilige Gegner über einen »Masterplan«, eine Blaupause der Weltherrschaft, und handelte mit diabolischer Konsequenz, um sein Ziel zu erreichen. Eine übermäßige Institutionalisierung ließ die bürokratischen Apparate in den Bereichen der Außen-, Sicherheits- und Militärpolitik sowie der geheimdienstlichen Tätigkeit immer größer werden und verschaffte ihnen übermäßigen Einfluß. Der Ost-West-Konflikt brachte den Sicherheitsbürokraten Macht und Prestige, Karriere und Geld. Was Detlef Junker für die USA feststellt, gilt genauso für die Sowjetunion: Es entwickelte sich ein militärisch-industrieller Komplex, »der Millionen von Menschen Brot und den Rückhalt in einer einfachen dualistischen Weltdeutung« gab. Als besonders gefährlicher Mythos des Kalten Krieges erwies sich der Glaube, daß alle Probleme der internationalen Beziehungen und der jeweiligen nationalen Sicherheit ausschließlich oder vor allem durch militärische Stärke gelöst werden könnten.

Es waren diese Betrachtungsweisen, die in beträchtlichem Maße die Außenpolitik Chruschtschows und Kennedys in den Jahren 1961 und 1962 bestimmten. Seit Mitte der fünfziger Jahre hatte sich im Verhältnis der beiden Supermächte allerdings auch einiges Positive getan: Es tauchten erste, vorsichtig geäußerte Zweifel an den gängigen Klischees des Ost-West-Konflikts sowie an den gegenseitigen Wahrnehmungen und Feindbildern auf. In der amerikanischen wie in der sowjetischen Außenpolitik wechselten militantes Vorgehen mit behutsamen Schritten zu einer Annäherung, martialische Drohgebärden mit Gesten wägender Vernunft, harte Pressionen mit vernünftigen Kompromißangeboten.

Der Feststellung des XX. Parteitages der KPdSU von 1956 entsprechend, daß es eine »schicksalhafte Unvermeidbarkeit der Kriege« nicht gebe, hatte die sowjetische Führung unter Chruschtschow eine Reihe von Initiativen entwickelt, um die internationalen Beziehungen zu entspannen. Gleichzeitig wurde aber an dem wirklichkeitsfremden, in der Konsequenz äußerst gefährlichen Grundsatz festgehalten, daß ein von der anderen Seite begonnener Krieg unvermeidlich zum Untergang des Kapitalismus führen würde. Ende der fünfziger und Anfang der sechziger Jahre war die sowjetische Führung überzeugt, daß die USA zwar immer noch über eine erdrückende Überlegenheit an nuklearen Waffen und Trägermitteln verfügten, durch die Entwicklung der sowjetischen Interkontinentalraketen aber nicht mehr unverwundbar waren. Die in der offiziellen Propaganda nie zugegebene Unterlegenheit der Sowjetunion sollte in einer kollektiven Kraftanstrengung schrittweise verringert werden. Das Ziel lautete Parität und letztlich Überlegenheit.

Auf Einladung von Präsident Eisenhower besuchte Chruschtschow im September 1959 die USA. Für zwei Wochen richtete sich die Aufmerksamkeit der amerikanischen Öffentlichkeit auf dieses Ereignis. Es war die erste Reise eines sowjetischen Partei- und Regierungschefs in das führende Land des Kapitalismus. Der Biograph Roy Medwedjew beschreibt: »Chruschtschows persönliche Popularität stieg fast überall in der Welt ganz erheblich. Den Amerikanern gefielen die Direktheit, die Dynamik, die Zielstrebigkeit, der Fleiß, der Einfallsreichtum, der rüde Humor und auch die Einfachheit Chruschtschows, des ›Kommunisten Nummer eins‹, wie ihn die amerikanische Presse nannte.« Eine Episode der abschließenden Gespräche zwischen den beiden führenden Politikern in Camp David ist besonders aufschlußreich. Nachdem Eisenhower über den Rüstungshaushalt der USA gesprochen hatte, fragte er seinen Gast, wie im Kreml entschieden werde, wenn die Militärs Mittel für den Aufbau eines neuen Waffensystems forderten. Chruschtschow erwiderte, daß er oft erst einmal ablehne. Wenn seine Generäle und Marschälle ihn nach einiger Zeit aber erneut bedrängten und ihm versicherten, die Amerikaner hätten ebendieses System bereits installiert und würden dadurch in einem Krieg der Sowjetunion überlegen sein, bleibe ihm nichts anderes übrig, als die Gelder zu gewähren. Darauf antwortete Eisenhower, daß er sich dies genauso vorgestellt habe. Bei ihm liefe es auch so ab: »Wir sollten wirklich in irgendeiner Form eine Vereinbarung treffen, statt für diese fruchtlosen Rivalitäten Geld hinauszuwerfen.«

Chruschtschow traf zum ersten Mal John F. Kennedy bei einem Gespräch mit Mitgliedern des Außenpolitischen Ausschusses des Senats. Als dessen Vorsitzender J. William Fulbright die beiden miteinander bekannt machte, meinte der sowjetische Gast, für einen Senator sehe Kennedy noch sehr jung aus, und fügte hinzu: »Ich habe schon viel von Ihnen gehört. Man sagt, daß Sie eine große Zukunft vor sich haben.« Einige Wochen später schickte Fulbright eine bei dem Treffen von Chruschtschow signierte Tischkarte an Kennedy und bemerkte dazu: »Lieber Jack, wenn die Revolution kommt, verhilft Ihnen dieses Schreiben vielleicht zu Ihrer Entlassung aus dem Gefängnis.« Kennedy berichtete später über die Begegnung, Chruschtschows Humor ziehe sich »wie ein roter Faden durch alles hindurch. Er wirkt unverwüstlich (...) Er ist ziemlich klein, und man hat den Eindruck, als ob er es noch lange machen könnte.« Der Gast habe den Senatoren prophezeit, daß ihre Kinder und Enkel unter kommunistischer Herrschaft aufwachsen würden. Der Kommentar Kennedys: »Ich glaube das nicht. (...) Ich glaube eher, daß *seine* Kinder in *Freiheit* leben werden. Aber das hängt von uns ab.«

Im Herbst 1960 besuchte Chruschtschow noch einmal New York, um an der Debatte der XV. Vollversammlung der Vereinten Nationen teilzunehmen, die sich vor allem mit dem Kolonialismus und seiner Überwindung beschäftigte. Dabei zeigte sich Chruschtschow in einer berühmten Szene als wahrer Choleriker. Als ein Redner erklärte, man müsse die Kolonialherrschaft nicht nur in Afrika und Asien, sondern auch in Osteuropa beenden, trommelte der führende Vertreter der Weltmacht Sowjetunion mit seinem Schuh auf den Tisch und schimpfte dazu: »Warum darf dieser Nichtsnutz, dieser Speichellecker, dieser Fatzke, dieser Imperialistenknecht und Dummkopf – warum darf dieser Lakai der amerikanischen Imperialisten hier Fragen behandeln, die nicht zur Sache gehören?« Jemand wollte erkannt haben, das »Corpus delicti« sei ein Salamander-Schuh gewesen. Ein anderer behauptete, Chruschtschow habe bei dieser Szene beide Schuhe an den Füßen gehabt. In diesem eher unwahrscheinlichen Fall hätte er einen dritten Schuh mitbringen müssen, allein mit der Absicht, bei sich bietender Gelegenheit Randale zu veranstalten. In Kreisen der UNO kam daraufhin der Begriff der »Schuster-Diplomatie« auf. Als bei einer späteren Sitzung die Mitglieder der französischen Delegation aus Protest gegen die Behandlung der algerischen Frage den Saal verließen, erklärte einer von ihnen, sie gingen Skistiefel kaufen!

Der amerikanische Wahlkampf des Jahres 1960 und die Bildung der neuen Regierung verliefen vor dem Hintergrund intensiver außen- und sicherheitspolitischer Debatten. Auf der einen Seite standen jene, die im wesentlichen an der bisherigen Linie festhalten wollten und ernsthafte Verhandlungen mit der UdSSR ablehnten. Als ihr Wortführer galt Dean Acheson, Außenminister unter Harry S. Truman. Auf der anderen Seite stand eine Gruppe nüchtern denkender Politiker, darunter Adlai Stevenson, Chester Bowles und George F. Kennan. Auch die Sowjetunion-Experten des State Department Averell Harriman, Charles E. Bohlen und Llewellyn Thompson wußten um die militärische Verwundbarkeit ihres Landes und erkannten die wachsenden, unkalkulierbaren Risiken eines militärischen Konflikts zwischen Ost und West. Ernsthafte Verhandlungen mit der Sowjetunion waren ihres Erachtens unumgänglich. Kennedy selbst legte sich zunächst nicht fest, tendierte aber doch mehr zu den Ansichten letzterer.

Bis zur Kubakrise ging er nüchterner und sachlicher mit den internationalen Problemen um als sein Vorgänger Eisenhower und

Ebenso skeptische wie amüsierte Blicke auf den Führer der Sowjetunion. Noch ohne Schuh, aber bereits mit Vehemenz schafft sich Chruschtschow während der UN-Vollversammlung 1960 trommelnd Gehör. (Links daneben Außenminister Andrej Gromyko.)

dessen Außenminister John Foster Dulles. Zusammen mit den Mitgliedern seiner Regierung und seinen Beratern suchte er nach neuen Denkansätzen. Die sichtbarsten Veränderungen ließen sich im politischen Stil erkennen. Routinedenken, Selbstzufriedenheit und Konformismus wichen einer größeren geistigen Mobilität. Rituelle Verurteilungen der Sowjetunion galten nicht mehr als Ausdruck einer überzeugenden, dynamischen Außenpolitik. Das Weiße Haus drängte auf den Abbau und die Neuorientierung ineffektiver, in den Denkkategorien des Kalten Krieges erstarrter Bürokratien wie der des Nationalen Sicherheitsrates. Dessen Apparat war unter Eisenhower und John Foster Dulles derart aufgebläht worden, daß es, wie Dean Acheson sarkastisch meinte, nur noch eine Möglichkeit gab, um endlose Debatten zu beenden und zu Entscheidungen zu kommen: »Einigung durch Erschöpfung«. Viele der Äußerungen Kennedys, die die Bereitschaft zu internationaler Entspannung signalisieren sollten, riefen den Protest der außenpolitischen »Falken« hervor, deren Widerstand er fürchtete und vor dem er nur allzu schnell zurückwich. Dogmen und Handlungsklischees des Kalten Krieges ließen sich daher insgesamt nur langsam überwinden. Der veränderte konzeptionelle Ansatz und der neue politische Stil führten damit keineswegs zu gänzlich neuen Entscheidungen in der Alltagspraxis. Das bewog liberale und radikale Kritiker Kennedys, ironisch von einer »dritten Präsidentschaft Eisenhowers« zu sprechen.

Die Signale aus dem Kreml waren genauso widersprüchlich. Der veränderte außenpolitische Stil und die Entspannungsbereitschaft Kennedys wurden von Chruschtschow zwar mehrfach mit Lob bedacht, doch viel häufiger demonstrierte der sowjetische Partei- und Regierungschef Kompromißlosigkeit und Härte. Er wollte die Reaktion des in seinen Augen zu jungen, zu intellektuellen, zu unerfahrenen und zu weichen Präsidenten testen und ihn einschüchtern. So erklärte Chruschtschow am 6. Januar 1961, der Kapitalismus sei überall in der Welt auf dem Rückzug, der Sozialismus dagegen breite sich unaufhaltsam aus. Nachdrücklich bekannte er sich zum nationalen Unabhängigkeitskampf, zum »heiligen Krieg« der Kolonialvölker, den die UdSSR auch weiterhin uneingeschränkt unterstützen werde.

Die Rede wurde zunächst nicht veröffentlicht, eine gekürzte Fassung erschien in Moskau dann aber zwei Tage vor der Amtseinführung Kennedys. Der scheidende Präsident Eisenhower blieb gelassen, da er sich »schon längst an Chruschtschows großspurige Reden über Berlin, die sowjetischen Raketen und die Weltrevolution gewöhnt und insgeheim beobachtet (hatte), daß der Parteichef seine Drohungen nur selten wahrmachte: Die starken Worte ersetzten gewöhnlich das Handeln.« Kennedy dagegen faßte Zeitpunkt und Inhalt der Rede als Provokation auf und antwortete entsprechend. Verteidigungsminister McNamara erklärte einige Wochen später, es gebe keine »Raketenlücke« auf amerikanischer Seite, die USA seien der Sowjetunion auf fast allen Gebieten der Rüstung beträchtlich überlegen. Chruschtschow reagierte wütend, denn dies stellte den von ihm geschaffenen und von Eisenhower mit Bedacht nie in Frage gestellten Mythos von der militärischen Superiorität der UdSSR in Frage.

Eisenhower hatte in seiner Präsidentschaft immer darauf verzichtet, die Behauptung Chruschtschows von der nuklearen Führungsrolle der UdSSR zu widerlegen, weil er befürchtete, das Wettrüsten weiter anzuheizen. Kennedy gab aufgrund persönlicher Eitelkeit – und weil er befürchtete, als zu weich zu gelten – diesen Grundsatz preis. Das festigte zwar seine Position im eigenen Land, stellte aber jene Chruschtschows in Frage. Dessen Rivalen in der Sowjetunion und in China konnten ihm nun vorwerfen, daß er nichts gegen die beschämende militärische Unterlegenheit seines Landes getan habe.

Am 3. und 4. Juni 1961 kamen Kennedy und Chruschtschow in Wien zu ihrem ersten und zugleich letzten Gipfeltreffen zusammen. In einem von der CIA dafür erarbeiteten Persönlichkeitsprofil des sowjetischen Partei- und Regierungschefs hieß es, dieser sei »das Universalgenie für den kleinen Mann, das mit Lösungen für alle Probleme aufwarten kann (...), ein Experte für alle Bereiche, von Silofutter bis hin zu Weltraumflügen. Einerseits ein ungehemmter Schmierenkomödiant, der seine Pointen häufig mit dem gröbsten Scheunendrescherhumor ausschmückt, legt er doch gelegentlich ein bemerkenswertes Bewußtsein der eigenen Würde an den Tag.« Er sei aber auch »eine Spielernatur, ein Heuchler und ein Experte in der berechnenden Verstellung«. Das Persönlichkeitsprofil Kennedys, das der sowjetische Geheimdienst aller Wahrscheinlichkeit nach für Chruschtschow erarbeitet hatte, ist leider bis heute nicht bekannt.

Im Mittelpunkt des Wiener Treffens stand die Berlinfrage. Im November 1958 hatte Chruschtschow von den westlichen Siegermächten des Zweiten Weltkriegs ultimativ die Unterzeichnung eines Friedensvertrages mit *beiden* deutschen Staaten und damit indirekt die Anerkennung der DDR verlangt. Er wollte anfangs die USA, Großbritannien und Frankreich zwingen, West-Berlin zu verlassen und auf ihre alliierten Rechte zu verzichten. Während sich der Erste Sekretär und der Präsident in Wien relativ leicht über die Neutralisierung von Laos und damit über die Beseitigung *eines* internationalen Konfliktes verständigen konnten, kam es in der Berlinfrage, wie erwartet, zur scharfen Konfrontation. Diese zweite Berlinkrise brachte die internationale Balance erneut in eine Schieflage. Chruschtschow versuchte, seinen Gesprächspartner mit massiven Drohungen einzuschüchtern. Es war ein »beinahe theatralisch wirken-

Alle Blicke richten sich auf einen Händedruck: Chruschtschow und Kennedy bei ihrer Annäherung mit Distanz während ihres Wiener Treffens im Juni 1961.

der aggressiver Auftritt (...) – eine Show, die (...) gut einstudiert war«, meint der amerikanische Publizist und Historiker Michael Beschloss. Falls die USA nicht bereit seien, den gewünschten Friedensvertrag mit den beiden deutschen Staaten zu unterzeichnen, erklärte der sowjetische Partei- und Regierungschef, werde die Sowjetunion diesen allein mit der DDR abschließen. Damit würden alle Verpflichtungen und Rechte aus der Kapitulation Deutschlands von 1945 hinfällig, auch das Besatzungsrecht und das Recht der USA sowie der anderen westlichen Alliierten auf freien Zugang nach West-Berlin. Kennedy seinerseits machte unmißverständlich deutlich, daß er in allen Berlin betreffenden Fragen zu keinen Kompromissen bereit sei.

Auf dem Rückflug von Wien nach Washington machte der Präsident einen Zwischenstopp in London. Im Gespräch mit dem britischen Premierminister Herold Macmillan klagte er, Chruschtschow habe sich »weit barbarischer benommen« als erwartet. Macmillan notierte in sein Tagebuch, der Präsident »schien fast wie gelähmt (...) wie jemand, der zum erstenmal Napoleon (...) trifft«. Senator Mike Mansfield sagte, der sowjetische Parteichef habe seinen Gesprächspartner als »jungen Spund« behandelt, der noch viel lernen müsse. Vizepräsident Johnson äußerte Freunden gegenüber: »Chruschtschow hat den armen kleinen Jungen zu Tode erschreckt.« Georgi Bolschakow, ein hoher sowjetischer Geheimdienstoffizier in den USA, meinte, die Sowjets seien überrascht, daß der Präsident durch die Äußerungen Chruschtschows in Wien derart »betroffen und verängstigt« sei. Auf das Machoverhalten Kennedys anspielend, fügte er sinngemäß hinzu: Wenn man einer Frau an die Wäsche geht, erwartet man zwar, daß sie schreit, aber doch nicht, daß sie sich fürchtet!

Nach den wenig ermutigenden Gesprächen in Wien entschied sich Kennedy, für die Erhaltung der alliierten Rechte in West-Berlin *jeden* Einsatz zu wagen und selbst das Risiko eines Atomkrieges nicht zu scheuen. Im Verlauf intensiver Debatten in Washington wurden drei prinzipielle Ziele (*essentials*) amerikanischer Politik formuliert, die auf jeden Fall zu verteidigen seien: die Freiheit der Bevölkerung von West-Berlin, ihr eigenes politisches System zu wählen, die Anwesenheit westlicher Truppen, solange diese von der Bevölkerung gewünscht sei, und der ungehinderte Zugang zur Stadt auf den Land-, Wasser- und Luftwegen. Der Massenexodus von Bürgern der DDR nach West-Berlin wurde vor dem Hintergrund der Berlinkrise immer bedrohlicher. Da die Kennedy-Regierung und einflußreiche Kongreßmitglieder kein Interesse daran hatten, daß die Lage völlig außer Kontrolle geriet, gaben sie vorsichtig zu verstehen, daß bestimmte Maßnahmen Moskaus und Ost-Berlins, die den Flüchtlingsstrom stoppen sollten, akzeptiert werden würden, wenn diese die alliierten Rechte nicht berührten. So erklärte der Vorsitzende im Außenpolitischen Ausschuß des Senats, J. William Fulbright, am 30. Juli 1961 in einem Fernsehinterview: »Ich verstehe nicht, warum die Ostdeutschen ihre Grenze nicht schließen, weil sie, wie ich meine, ein Recht haben, sie zu schließen.«

Die DDR-Führung unter Walter Ulbricht begann am 13. August 1961 mit dem Bau der Berliner Mauer, nachdem sie sich mit Chruschtschow und anderen Spitzenvertretern des Warschauer Paktes abgestimmt hatte. Als Kennedy davon informiert wurde, trat er wie vorgesehen eine sonntägliche Segeltour an, um zu demonstrieren, daß es aus amerikanischer Sicht keine Krise gab. Sorensen gab die damals in Washington herrschende Meinung später wieder: Die Mauer sei »illegal, unmoralisch und unmenschlich«, stelle aber dennoch »keinen Kriegsgrund« dar. Sie »beendete West-Berlins Dasein als Schaufenster des Westens und verriegelte den Fluchtweg aus dem Osten, aber sie tastete die drei Hauptziele nicht an, die der Westen seit langem herausgestellt hatte«.

Trotz einiger gefährlich zugespitzter Situationen in den folgenden Wochen und Monaten kam es nicht zu der befürchteten großen Konfrontation. Die Vereinigten Staaten waren entschlossen, die drei *essentials* zu verteidigen, verlangten aber auch nicht mehr. Die Sowjetunion vermied weitere Zuspitzungen und machte ihre Drohung nicht wahr, einen separaten Friedensvertrag mit der DDR abzuschließen. Im Laufe des Jahres 1962 entspannte sich die Lage.

Doch unübersehbar dominierten die Kategorien des Kalten Krieges 1961 und 1962 noch weitgehend das Denken und Handeln der beiden Supermächte. Die USA mußten nach dem Willen des Präsidenten, seines Verteidigungsministers und der Vereinten Stabschefs aufrüsten, um ihre Superiorität zu erhalten – obwohl sie der Sowjetunion militärisch bereits um ein Mehrfaches überlegen waren. Von diesen ebenso kurzsichtigen wie gefährlichen, aber der Logik der

Zeit entsprechenden Überlegungen ausgehend, baute Kennedy in drei Jahren »das mächtigste Militärpotential der Geschichte auf, in einer Anstrengung, wie sie Amerika in Friedenszeiten noch nie unternommen hatte, und unter zusätzlichen finanziellen Kosten, die etwa 17 Milliarden Dollar betrugen«, so die Einschätzung von Sorensen. Der erfahrene Militär Eisenhower kritisierte 1963 die enorme Vergrößerung des Rüstungshaushaltes: »Das Verteidigungsbudget, das ich hinterlassen habe, genügte vollauf, um unsere Sicherheit zu gewährleisten.«

Kennedy formulierte am 28. März 1961 die Grundlinien einer neuen Militärdoktrin. Die amerikanische Atomstreitmacht sollte jederzeit so stark sein, daß der Gegner keinerlei Aussicht habe, im Kriegsfall zu überleben, geschweige denn zu siegen. Die unter Eisenhower gültige Strategie der *massive retaliation*, der massiven Vergeltung, hatte im Konfliktfall einen Atombombeneinsatz vorgesehen. Die neue Strategie der *flexible response* dagegen setzte auf »flexible Antworten«, die begrenzte Kriege ermöglichte und mit nuklearen wie nichtnuklearen Waffen drohte. So ging man dazu über, auch die konventionellen Streitkräfte zu verstärken. In einer Rede am 21. Oktober 1961, während des XXII. Parteitages der KPdSU, verdeutlichte der stellvertretende Verteidigungsminister der USA Roswell Gilpatric, wie enorm die atomare Überlegenheit seines Landes war: »Wir besitzen ein Zweitschlagspotential, das mindestens ebenso groß ist wie das Potential, das der Feind bei einem Erstschlag einsetzen kann.«

Chruschtschow hatte die militärische Unterlegenheit der Sowjetunion bislang niemals öffentlich eingestanden. Nun mußte er auf die forcierte amerikanische Aufrüstung reagieren. In einer Beratung mit führenden Atomwissenschaftlern und Rüstungsexperten kündigte er am 10. Juli 1961 an, daß die sowjetischen Kernwaffenversuche im Herbst wiederaufgenommen werden würden. Der Vater der sowjetischen Wasserstoffbombe, Andrej Sacharow, gehörte zu den Teilnehmern der Runde und wagte vorsichtigen Widerspruch: »Meinen Sie nicht, daß die Wiederaufnahme der Versuche den Gesprächen über den Versuchsstopp, der gesamten Abrüstung und der Friedenssicherung in aller Welt nur schwer zu behebenden Schaden zufügen wird?« Chruschtschow wies den Einwand empört zurück und erklärte, wie Sacharow sich später erinnerte, sinngemäß: »Also überlassen Sie die Politik lieber uns Spezialisten auf diesem Gebiet. (...) Wir müssen unsere Politik von einer Position der Stärke aus führen. Wir sagen das nicht laut – aber es ist so!«

Die Spirale des Wettrüstens begann sich schneller zu drehen. Kennedy reagierte prompt auf die Ankündigung Chruschtschows: Auch die Amerikaner testeten im Jahr darauf erneut ihre Atomwaffen. Die gegenseitigen Vorwürfe wurden schärfer, die Drohgebärden massiver. Im Oktober 1961 standen sich westlich und östlich der Berliner Mauer amerikanische und sowjetische Panzer mit laufenden Motoren gegenüber. Die Fahrer erhielten Befehl, die Drehzahl zu erhöhen, um die andere Seite einzuschüchtern. In dieser Kraftprobe gaben der Präsident und der Erste Sekretär einen Vorgeschmack auf ihr Verhalten ein Jahr später während der Kubakrise. Doch sie behielten die Nerven und zeigten sich bereit, rechtzeitig zu handeln, um Schlimmeres zu verhindern. Valentin Falin nahm damals an Gesprächen mit Chruschtschow und führenden sowjetischen Militärs teil. Er erinnert sich in seinen Memoiren: »Bis zu einer Panzerschlacht kam es, wie bekannt, nicht. Politiker und Diplomaten zogen die Panzer auseinander. (...) Zweihundert Meter und eiserne Nerven trennten uns vom Nichtwiedergutzumachenden.«

Der Kalte Krieg fand nicht nur in Europa statt. Die außenpolitischen Akteure in den USA und in der Sowjetunion wurden in den fünfziger und sechziger Jahren mit dem Zusammenbruch des in Jahrhunderten geschaffenen Kolonialsystems konfrontiert. Die Entwicklung verlief viel schneller, als man es 1945 in den Kolonialmetropolen London, Paris, Brüssel, Den Haag, Madrid, Lissabon und nicht zuletzt in Washington und Moskau vorhergesehen hatte. Die antikolonialen Befreiungsbewegungen und die daraus hervorgehenden neuen Nationalstaaten begannen sich zu eigenständigen Kräften des internationalen Geschehens zu entwickeln. Beide Supermächte waren überzeugt, daß sich die künftigen Auseinandersetzungen zwischen ihnen vor allem in der Dritten Welt abspielen und vielleicht auch entscheiden würden – insbesondere seit den revolutionären Umwälzungen in Kuba am Ende der fünfziger Jahre.

Kennedy wollte vor allem die Beziehungen zu den Staaten Mittel- und Südamerikas verbessern, dem traditionellen Hinterhof der USA. Die Sowjetunion sollte daran gehindert werden, ihren Einfluß dort auszubauen, damit die ökonomischen, politischen und strategischen Interessen der USA gewahrt blieben. Man proklamierte »Partnerschaft und Hilfe« und eine »Allianz für den Fortschritt«. Im Rahmen einer Vereinbarung wollten die USA den Ländern Mittel- und Südamerikas wirtschaftlich unter die Arme greifen und versprachen Unterstützung für ökonomischen Fortschritt und soziale Reformen.

Doch Kennedy beließ es nicht bei friedlichen Mitteln. Für den Antiguerillakampf wurden neue Strategien entwickelt. Die hochausgebildeten *Marines* wurden um etwa 15 000 Mann verstärkt. Besondere Aufmerksamkeit galt der Neuaufstellung von Spezialeinheiten, die wegen ihrer Kopfbedeckung den Namen »Green Berets« erhielten. Sie sollten gegen Aufständische eingesetzt werden, wenn solche im Verständnis Washingtons Sicherheitsinteressen der USA bedrohten.

Die an die »Allianz für den Fortschritt« geknüpften Versprechungen wurden in der Folgezeit nur in recht bescheidenem Umfang erfüllt. Anspruch und Wirklichkeit klafften weit auseinander. Die mit großem propagandistischen Aufwand angekündigte Unterstützung fiel bald auf das Niveau üblicher Entwicklungshilfe zurück. Die Bevölkerung in den betreffenden Ländern war enttäuscht. Die Allianz faßte zwar, wie Arthur M. Schlesinger betonte, öffentliche und private Mittel in einem Maße zusammen wie niemals zuvor in der Geschichte Amerikas. Alles in allem überschätzten Kennedy und seine *New Frontiermen* aber ihre Möglichkeiten, mit den spezifischen sozioökonomischen Problemen Mittel- und Südamerikas fertig zu werden. Kritiker wiesen darauf hin, daß sie zum Teil Regime und Gruppen unterstützten, die undemokratisch, konservativ und repressiv waren.

Chruschtschow hatte dagegen vollmundig verkündet, immer mehr Länder der Dritten Welt würden einen nichtkapitalistischen und damit sozialistischen Weg wählen. Die Prognose erfüllte sich ebenso wenig wie Kennedys Erwartung im Hinblick auf die »Allianz für den Fortschritt«. Die sowjetische Unterstützung half aber Entwicklungsländern wie Indien, Ägypten und Kuba, die Strukturen der Kolonialzeit abzuwerfen, die Wirtschaft aufzubauen und sich politisch zu stabilisieren. Die Länder Asiens, Afrikas und Lateinamerikas wurden zunehmend zur Arena des Kalten Krieges, auf der amerikanisch-sowjetische Konflikte durch Stellvertreter ausgetragen wurden. Die lokalen Probleme der Unterentwicklung, die besonderen Interessen, Notwendigkeiten und Zwänge der Dritten Welt traten dabei in den Hintergrund. Washington und Moskau kannten keine Skrupel, sich mit antikommunistischen beziehungsweise antiamerikanischen Kräften zu verbünden und ihnen Militärhilfe zu gewähren, wenn es den eigenen Ambitionen zu nutzen und der anderen Seite zu schaden schien. Die Kubakrise des Jahres 1962 und die verschärften Auseinandersetzungen in Vietnam sollten zum Höhepunkt dieser Entwicklung werden.

Wenige Wochen nach seinem Amtsantritt entschied Kennedy, mit Hilfe von Exilkubanern die aus einer revolutionären Volksbewegung hervorgegangene kubanische Regierung unter Fidel Castro zu stürzen. Der Präsident hatte zunächst gezögert, einer Invasion Kubas zuzustimmen, die noch von Allen W. Dulles und seiner CIA unter Eisenhower konzipiert und vorbereitet worden war. Ein direktes Eingreifen amerikanischer Streitkräfte lehnte Kennedy ab, denn er war angetreten, neue Akzente in der Lateinamerikapolitik zu setzen. Außerdem fürchtete er scharfe Reaktionen der Sowjetunion in Europa, möglicherweise in Berlin. Die Landung am 17. April 1961 in der Playa Girón, der Schweinebucht, endete innerhalb von nur vier Tagen mit einem Fiasko der Invasoren und einem glänzenden Sieg Castros. Für den neuen Präsidenten bedeutete das eine blamable Niederlage. Er zog daraus die Lehre, den etablierten Institutionen CIA und Pentagon sowie deren angeblicher Unfehlbarkeit zu mißtrauen. Allan W. Dulles trat zurück, und der Republikaner John McCone wurde zum neuen Direktor der CIA ernannt.

Nach dem Debakel in der Schweinebucht verstärkte die UdSSR ihre wirtschaftliche und militärische Hilfe für die Karibikinsel. Die sowjetische Führung ließ sich dabei von folgenden Überlegungen leiten: Die USA würden sich auch in Zukunft mit den dort begonnenen politischen Umwälzungen nicht abfinden, sondern neue Aktionen zum Sturz Castros sorgfältiger, weniger dilettantisch und deshalb mit mehr Aussicht auf Erfolg vorbereiten. Der amerikanischen Regierung gehe es dabei nicht nur um Kuba, sondern auch darum, weitere diesem Beispiel folgende gesellschaftliche Veränderungen in Ländern Mittel- und Südamerikas sowie der Dritten Welt zu verhindern.

Seit Ende April 1962 nahm der Plan Chruschtschows Gestalt an, mit atomaren Gefechtsköpfen bestückte Mittelstreckenraketen auf der Karibikinsel zu stationieren. Dafür gab es mehrere Gründe: Kuba sollte gegen eine mögliche neue Invasion der USA geschützt und der Einfluß der Vereinigten Staaten in der Dritten Welt zurückgedrängt werden. Wenn Washington in der Kubapolitik unter Druck geriete, könnte man die Amerikaner auch zum Nachgeben in der Berlinfrage zwingen. Mit der Stationierung sollte nicht zuletzt die erdrückende atomare Überlegenheit der USA verringert werden. Zum damaligen Zeitpunkt war die UdSSR mit Atomsprengköpfen im Verhältnis von etwa 1:17 (rund 300 gegenüber 5000) unterlegen, mit Langstreckenbombern von etwa 1:8 (155 gegenüber 1300) und mit Interkontinentalraketen von etwa 1:5 (44 gegenüber 229).

Chruschtschow sah die Stationierung von Mittelstreckenraketen auf Kuba als Antwort auf die schon Jahre vorher erfolgte Stationierung amerikanischer Raketen in der Türkei, Italien und Großbritannien – und die USA müßten ein Gleichziehen nicht zuletzt deshalb akzeptieren. Die Überlegungen Chruschtschows stellten sich bald als ein von Wunschdenken geleitetes Fehlurteil heraus. Es entfachte eine Dynamik auf beiden Seiten, die zum Höhepunkt des Kalten Krieges führen sollte.

Anfang Mai 1962 fiel in Moskau die Entscheidung, Castro die Stationierung von Mittelstreckenraketen auf Kuba vorzuschlagen. A.I. Aleksejew, der neuer sowjetischer Botschafter in Havanna werden sollte, erinnerte sich später, daß Chruschtschow von ihm wissen wollte, ob Castro damit einverstanden sein würde. Falls nicht, gäbe es kaum andere Mittel, eine amerikanische Invasion zu verhindern. Der Preis für eine neuerliche Landung auf Kuba sei in die Höhe zu treiben, die Bedrohung der Karibikinsel durch eine Bedrohung der Vereinigten Staaten auszugleichen. Das könnte letztlich nur eine Stationierung sowjetischer Mittelstreckenraketen bewirken. Die USA hätten die Sowjetunion mit ihren Militär- und Raketenbasen faktisch eingeschlossen. Das müsse ihnen mit gleicher Münze heimgezahlt werden. Die Amerikaner sollten am eigenen Leib spüren, was es bedeutete, mit Atomwaffen vor der Haustür leben zu müssen.

Es entsprach dem Geist der Zeit, sich mit dem Konzept der atomaren Abschreckung der Illusion des »Viel hilft viel« hinzugeben. Man wollte mit den Vereinigten Staaten gleichziehen und nachholen, was diese rund fünf Jahre vorher praktiziert hatten, ohne daß die Sowjetunion etwas dagegen hatte unternehmen können.

Wie bekannt akzeptierte Castro den sowjetischen Vorschlag. Weitere, der Präzisierung dienende Gespräche führte sein Bruder, Verteidigungsminister Raúl Castro, im Juli 1962 in Moskau. In diesem Monat begannen auch die Vorbereitungen zur Verschiffung der Raketen, der atomaren Sprengköpfe und der Abschußrampen sowie einer Reihe von Bombern des Typs »Il 28«. Die ersten Bauteile wurden zwischen dem 8. und 15. September in Kuba entladen.

Nach dem Scheitern der Invasion vom April 1961 hatte sich Kennedy auf vorsichtige und verdeckte Operationen in Kuba konzentriert – eine Einigung mit Castro blieb weiterhin ausgeschlossen. Pentagon und CIA erarbeiteten mehrere Pläne für verschiedene Eventualitäten. Seit dem Sommer 1961 wurden Kommandos auf Kuba eingeschleust, die Sabotage betrieben und Terror verbreiteten. Von 1960 bis 1965 versuchte die CIA in Kooperation mit der Mafia mehrfach, Castro ermorden zu lassen. Im November 1961 bestätigte die Kennedy-Regierung den Plan einer großangelegten geheimdienstlichen Operation auf der Karibikinsel mit dem bezeichnenden Namen »Mongoose« (Schleichkatze Mungo), eine »Geheimübung in Terrorismus und Mord«, wie Thomas C. Reeves schreibt. Leitung und Kontrolle übernahm eine hochrangig besetzte »Special Group Augmented« (SGA). Sie bestand aus Mitgliedern der Regierung, des Militärs und des Geheimdienstes, darunter Justizminister Robert Kennedy, der zunehmend zur treibenden Kraft wurde. Auch Außenminister Rusk und Verteidigungsminister McNamara nahmen an einigen Beratungen der SGA teil. Für die Operation »Mongoose« stellte allein die CIA 400 Mitarbeiter ab.

Aufgrund von Informationen, die allerdings kein genaues Urteil ermöglichten, rechneten CIA und Pentagon seit der zweiten Augusthälfte 1962 mit verschiedenen Varianten sowjetischer Reaktionen, vor allem mit der Lieferung weiterer konventioneller Waffen an Castro, aber auch mit der Stationierung von Raketen. Zu diesem Zeitpunkt galt dies allerdings als wenig wahrscheinlich und wurde nur vom Direktor der CIA, John McCone, für möglich gehalten. Für diesen Fall hielt man – noch rein theoretisch – drei militärische Antworten der USA für angemessen: Blockade der Karibikinsel, Bombardierung oder Invasion.

Das Pentagon begann mit den strategischen Vorbereitungen für die Durchführung aller drei Varianten. Im Verlauf des Septembers und im Zusammenhang mit den bevorstehenden Zwischenwahlen zum Kongreß wurde über sowjetische Militärhilfe für Kuba sowie über die möglichen amerikanischen Antworten darauf auch öffentlich spekuliert. Senat und Abgeordnetenhaus verabschiedeten eine gemeinsame Resolution, die der Regierung eine Art Blankovollmacht erteilte und faktisch jede Art bewaffneten Eingreifens gestattete. Die bis heute zugänglichen Quellen reichen nicht aus, um mit letzter Sicherheit sagen zu können, ob die Führungsgremien der USA Ende September und Anfang Oktober bereits über verläßliche Hinweise auf die sowjetischen Raketen verfügten, oder ob sie wirklich noch im dunkeln tappten. Fest steht, daß beide Seiten über Wochen hinweg die Gelegenheit hatten, sich auf eine mögliche Krise vorzubereiten, und von dieser *nicht* überrascht wurden.

Nach einer wochenlangen Schlechtwetterperiode, die Aufklärungsflüge verhindert hatte, fotografierte eine amerikanische U-2 am 14. Oktober 1962 erstmals sowjetische Raketenstellungen auf Kuba, die aus unerklärlichen Gründen nicht getarnt worden waren. Zwei Tage später fanden die ersten zwei Beratungen des von Kennedy geleiteten Krisenstabes, genannt ExComm. (»Executive Committee of the National Security Council«), statt. Ob sich auch atomare Sprengköpfe auf der Karibikinsel befanden, wußte man zu diesem Zeitpunkt noch nicht. Die Teilnehmer der turbulenten Sitzungen waren sich einig, daß der Abbau der Abschußrampen und der Abzug der Raketen unbedingt erzwungen werden mußten. Es boten sich zwei Möglichkeiten an: Außenminister Dean Rusk schlug sofortige politische Verhandlungen mit Moskau und eventuell auch mit Havanna vor – eine Variante, die von den meisten Sowjetunion-Experten des State Department favorisiert wurde. Sie plädierten für streng vertraulich geführte Gespräche, in denen Chruschtschow dazu gebracht werden sollte, ohne Prestigeverlust der amerikanischen Forderung nach Abzug der Raketen nachzukommen. Kennedy und die große Mehrheit des Krisenstabes wiesen diesen Vorschlag als inakzeptabel zurück. Sie bestanden auf Androhung und Anwendung von militärischer Gewalt ohne vorherige Gespräche mit der Moskauer Führung, um den Überraschungseffekt nutzen zu können und der Sowjetunion eine exemplarische Niederlage zu bereiten. Sie lehnten die politisch-diplomatische Lösung ab, die der amerikanische Botschafter bei den Vereinten Nationen, Adlai Stevenson, in einem Brief an Kennedy empfohlen hatte. Stevenson hatte sich zu diesem Schritt entschlossen, obwohl er ahnte, daß er dafür als Feigling beschimpft werden würde. Seine Befürchtung bestätigte sich, doch seine Überlegung lautete: Vielleicht sollte immer ein Feigling dabeisein, wenn über den Einsatz von Atomwaffen beraten wird!

Die am 16. Oktober getroffene Vorentscheidung ließ noch verschiedene Möglichkeiten offen, wann, wie und in welchem Umfang militärische Gewalt angedroht und eingesetzt werden sollte. Das bedeutete einen wichtigen Zeitgewinn und ersparte beiden Seiten überstürzte Entscheidungen. In der weiteren Debatte ging es um die in den vorangegangenen Wochen schon erörterten drei Varianten, die in verschiedener Hinsicht miteinander gekoppelt werden konnten: eine Seeblockade Kubas, Luftangriffe auf Raketenstellungen und andere militärische Objekte und letztlich die Invasion. Hardliner wie CIA-Direktor John McCone und der ehemalige Außenminister Dean Acheson verlangten, daß mit Abzug oder Zerstörung der Raketen auch der Sturz Castros erzwungen werden müßte.

In diesen Tagen der Krise befand sich die amerikanische Seite, ihre militärstrategische Überlegenheit ausspielend, meist in der Rolle des Agierenden, die sowjetische in der Rolle des Reagierenden. Moskau verband weiterhin militant-aggressive Rhetorik mit wesentlich moderaterem Handeln und versuchte, Kurzschlußreaktionen zu vermeiden, indem es auf unangemessene Machtdemonstration verzichtete. Präsident Kennedy und sein Außenminister Rusk trafen sich zwei Tage nach den turbulenten Sitzungen vom 16. Oktober mit dem sowjetischen Außenminister Andrej Gromyko im Weißen Haus, zwei Stockwerke über dem Raum, in dem der Krisenstab tagte. Das Gespräch geriet zu einem makabren Schauspiel und offenbarte die hohe diplomatische Kunst der Beteiligten, ihre wirklichen Überlegungen und Absichten zu verschleiern. Kennedy und Rusk vermieden jeden Hinweis darauf, daß sie über die neuen sowjetischen Waffen, nur 90 Meilen von Florida entfernt, Bescheid wußten. Gromyko seinerseits versuchte in mehrdeutigen, verklausulierten Wendungen zu erfahren, wie die USA möglicherweise angesichts auf Kuba stationierter sowjetischer Raketen reagieren würden. Der deutsche Historiker Bernd Greiner kommentiert ironisch: »Von Dialog (konnte) keine Rede sein, eher von einem Zusammentreffen politisch Taubstummer.« Beide Seiten vergaben bei diesem Treffen auf unverantwortliche Weise die Chance einer politisch-diplomatischen Lösung und setzten ihre extrem gefährliche Gratwanderung fort.

Zwei Tage darauf, am 20. Oktober, entschied Kennedy, Kuba mit einer gewaltigen Armada zu blockieren, um den weiteren Transport von Bauteilen für Raketen und Abschußrampen zu unterbinden. Luftangriffe und eine Invasion lehnte er nach wie vor ab. Für diesen Entschluß des Präsidenten hatte sich vor allem Verteidigungsminister Robert McNamara stark gemacht, der während der hitzigen Debatten des Krisenstabes meist betont sachlich blieb und *vor* jeder Entscheidung nach *allen* möglichen Konsequenzen fragte. Er sah in der »quarantine« genannten Blockade einen ersten möglichen Schritt in Richtung Luftangriffe und Invasion. Bis dahin sei die *quarantine* nichts anderes als »ein Austausch von Signalen zwischen Kennedy und Chruschtschow« gewesen. Mit dieser Interpretation der Seeblockade stieß McNamara vor allem auf den Widerstand von Admiral George W. Anderson, der darin einen Eingriff des Ministers in die Befehls- und Kommandostruktur der Navy sah.

Am Abend des 22. Oktober informierte der Präsident die amerikanische und die internationale Öffentlichkeit in einer Radio- und Fernsehansprache von der vorgesehenen Blockade Kubas, die am 24. Oktober um 10.00 Uhr Ortszeit beginnen sollte. Der Auftritt Kennedys war eine meisterhaft in Szene gesetzte, weltweit verbreitete Public Relations-Operation, die Chruschtschow in den westlichen Ländern und der Dritten Welt propagandistisch in die Defensive drängte. Der Präsident erklärte, die Entscheidung Moskaus, zum ersten Mal außerhalb der Sowjetunion Atomwaffen zu stationieren, sei eine »provokative und ungerechtfertigte Veränderung des Status quo, den unser Land nicht einfach hinnehmen kann, wenn unsere Freunde und Verbündeten auch weiterhin auf unseren Mut und unsere Zusagen vertrauen sollen«.

Die sowjetische Führung hatte es fünf Jahre zuvor bei der Stationierung amerikanischer Raketen in der Türkei verpaßt, genau dieses Argument ins Spiel zu bringen. Nun antwortete Chruschtschow am 23. Oktober in einem an den Präsidenten gerichteten Schreiben, in dem er die amerikanische Blockade als »ernsthafte Bedrohung des Friedens« verurteilte. *Radio Moskau* sprach von einem »Akt der Piraterie«. Moskau befahl dennoch, 14 oder 15 von insgesamt 22 mit Kurs auf Kuba laufenden sowjetischen Schiffen umzukehren. Fünf von ihnen hatten vermutlich weiteres Material für die Raketenstationierung an Bord.

Es kam zunächst nicht zu dem befürchteten Zusammenstoß der beiden Supermächte. Lange Zeit glaubte man, daß durch die Umkehr der Schiffe statt 80 Raketen nur 42 und von den geplanten 40 atomaren Sprengköpfen nur 20 Kuba erreichten. Erst 1992 enthüllte Armeegeneral Anatoli Gribkow, der 1962 für die sowjetischen Truppen auf Kuba verantwortlich war, daß 60 nukleare Sprengköpfe und genauso viele Raketen mit unterschiedlicher Reichweite auf Kuba stationiert worden waren – außerdem nukleare Sprengköpfe für Kurzstreckenraketen und damit taktische Atomwaffen, die bei einer amerikanischen Invasion wahrscheinlich eingesetzt worden wären. Nach Schätzungen der CIA befanden sich rund 20 000, in Wirklichkeit aber etwa 42 000 sowjetische Soldaten auf der Insel.

Am Abend des 23. Oktober besuchten Chruschtschow und andere Mitglieder des Parteipräsidiums eine Aufführung von Mussorgskis Oper *Boris Godunow* im Moskauer Bolschoitheater, dargeboten von einem amerikanischen Ensemble. Wie er in seinen Memoiren schrieb, wollte er damit »der Lage etwas von ihrer Hitze (...) nehmen (...) Man wird sich sagen: ›Wenn Chruschtschow und unsere anderen Führer zu einem Zeitpunkt wie diesem in die Oper gehen können, dann können wir zumindest heute nacht friedlich schlafen.‹« Ehrlich fügte er hinzu: »Wir versuchten, unsere eigene Angst zu verbergen, die groß war.« In Washington deutete man diese Episode als Hilferuf und zugleich als Ausdruck von Kompromißbereitschaft. Einen Tag später, am 24. Oktober, forderte der Generalsekretär der Vereinten Nationen, Sithu U Thant, auf Drängen blockfreier Staaten beide Seiten zu einer Denkpause von zwei bis drei Wochen auf.

Fest steht: Kennedys Entscheidung, Kuba mit einem Ring amerikanischer Kriegsschiffe zu blockieren, stellte einen weiteren Schritt zur Eskalation der Krise dar. Der vorläufige Verzicht auf Luftangriffe und Invasion bot aber weiterhin die Chance einer politischen Lösung. Der Rückruf der Schiffe zeigte, daß Chruschtschow das Signal verstanden hatte. Erneut waren auf beiden Seiten erschreckende Risikobereitschaft *und* nüchternes Kalkulieren der Gefahr auf seltsame Weise miteinander verbunden.

Am Freitag, dem 26., und am Sonnabend, dem 27. Oktober, erreichte die Krise ihren Höhepunkt. Ein mit konventionellen und atomaren Waffen geführter Krieg der beiden Weltmächte wurde zur akuten Gefahr. Am Abend des 26. Oktober unterbreitete Chruschtschow in einem Schreiben an Kennedy offiziell jenen Vorschlag, den dieser letztlich akzeptierte. Er sah den von den Vereinten Nationen kontrollierten Abzug der sowjetischen Raketen einerseits und eine amerikanische Erklärung andererseits vor, in Zukunft keine militärische Gewalt mehr gegen Kuba anzuwenden.

Während der Präsident dazu tendierte, das Angebot zu akzeptieren, lehnten die Hardliner im Krisenstab jede Erklärung zum Gewaltverzicht kategorisch ab. Noch bevor eine Entscheidung gefallen war, traf am Vormittag des 27. Oktober ein weiteres Schreiben Chruschtschows an Kennedy in Washington ein. Über die Vorschläge des Vortages hinausgehend, wurde darin gefordert, gleichzeitig mit den sowjetischen Raketen aus Kuba auch die amerikanischen Jupiter-Raketen aus der Türkei abzuziehen. Es ist bis heute ungeklärt, wie die beiden unterschiedlichen Briefe im Verlauf von nur wenigen Stunden zustande kamen. Vermutlich hatte Chruschtschow den ersten Brief abgeschickt, ohne die Mitglieder des Parteipräsidiums zu informieren. Und als diese davon erfuhren – so ist anzunehmen –, bestanden sie darauf, einen höheren Preis zu verlangen: den Abzug der Raketen aus der Türkei.

Der zweite Brief Chruschtschows führte im amerikanischen Krisenstab zu Verwirrung und wilden Spekulationen über Richtungskämpfe und einen möglichen Machtwechsel in Moskau. Die Debatten verliefen nervös, gereizt und aggressiv. Kennedy war prinzipiell bereit, auf die zusätzliche Forderung nach Abzug der ohnehin fast schrottreifen Jupiter-Raketen aus der Türkei einzugehen. Er räumte aber auch ein, daß die Verbündeten der USA einen solchen Raketentausch sicherlich ablehnen würden, und meinte: »Ihnen ist aber nicht klar, daß wir dann möglicherweise in zwei oder drei Tagen einen militärischen Angriff starten müssen, der die Besetzung Berlins oder einen Angriff gegen die Türkei zur Folge haben könnte. Und dann werden sie sagen: ›Mein Gott, wir hätten es annehmen sollen‹ (...) Wir werden folgende Situation haben: Weil wir die Raketen nicht aus der Türkei abziehen, müssen wir möglicherweise in Kuba einmarschieren oder einen massiven Angriff unternehmen, wodurch wir vielleicht Berlin verlieren. Das ist es, was mich beunruhigt.« Für ihn gab es daher nur *eine* Konsequenz: »Wir müssen unsere Waffen aus der Türkei abziehen.«

Im Gegensatz zum Präsidenten erklärten die Stabschefs der Teilstreitkräfte in der Sitzung des Krisenstabes am Nachmittag des 27. Oktober, der Zeitpunkt für massive Bombardierungen und für die Invasion sei nunmehr gekommen. Die Operation sollte spätestens am Montag, dem 29. Oktober, beginnen, »falls es bis dahin nicht einen unwiderlegbaren Beweis gibt, daß die Angriffswaffen auf Kuba (...) abgebaut werden«. Gedrängt von einflußreichen Vertretern des Militärs und des Kongresses, lehnten die Hardliner, aber auch die meisten anderen Teilnehmer des Krisenstabes den Abzug der amerikanischen Raketen aus der Türkei kategorisch ab. Kennedy gab nach.

In seiner Antwort, die am 27. Oktober kurz nach 20.00 Uhr Washingtoner Ortszeit Chruschtschow übermittelt wurde, akzeptierte er dessen Angebot vom Vortag, ohne direkt auf die Raketen in der Türkei einzugehen. Die Führungskreise der USA waren sich einig: Eine Ablehnung des amerikanischen Antwortschreibens würde Krieg bedeuten. Kennedy war in diesen Tagen voller Sorgen und Zweifel: »Ich habe keine Bedenken in bezug auf den ersten Schritt, sondern in bezug auf die Eskalation beider Seiten zum vierten und fünften Schritt – zum sechsten kommt es nicht, weil niemand mehr dasein wird.« Am Abend des 27. Oktober hielt es der Krisenstab des Weißen Hauses für möglich, daß der erste militärische Zusammenstoß am darauffolgenden Dienstag erfolgen könnte. Man traf alle erforderlichen Vorbereitungen.

Nachdem das Schreiben an Chruschtschow abgeschickt war, verständigte sich ein *inner circle* um John F. Kennedy – zu dem sein Bruder Robert Kennedy, Robert McNamara, McGeorge Bundy, Dean Rusk und Theodore C. Sorenson gehörten – ohne Wissen der anderen über einen zusätzlichen, streng geheimzuhaltenden Schritt: Robert Kennedy bat den sowjetischen Botschafter in Washington Anatoli Dobrynin zu einem Gespräch, in dem er das Antwortschreiben des Präsidenten an Chruschtschow als allerletzte Chance einer friedlichen Lösung darlegte, das einem Ultimatum gleichkomme, wenn er diesen Begriff auch ausdrücklich ablehnte. Robert Kennedy wies auf die erdrückende atomare Überlegenheit der USA hin. Als zusätzliches Angebot stellte er den baldigen Abbau der Jupiter-Raketen in der Türkei und in Italien in Aussicht.

Am 28. Oktober akzeptierte Chruschtschow das Schreiben Kennedys. Seine Antwort nach Washington ließ er, um keine Zeit zu verlieren, via Äther über *Radio Moskau* ausstrahlen. Fast zeitgleich erhielt die Führung der sowjetischen Raketeneinheiten auf Kuba den Befehl, sofort mit dem Abbau der Abschußrampen zu beginnen, was kurz darauf auch die CIA wußte. Der Erste Sekretär hatte eingesehen, daß nur so ein Atomkrieg zu verhindern und Kuba vor einer Invasion zu retten war.

Vermutlich fiel die Entscheidung Chruschtschows gegen den Widerstand von Verteidigungsminister Marschall Malinowski und anderer. Fidel Castro, der offenbar durch *Radio Moskau* erfuhr, daß die Raketen abgezogen werden sollten, reagierte empört und lehnte jede Inspektion seitens der UN scharf ab. Während der britische Premier Herold Macmillan den amerikanisch-sowjetischen Kompromiß begrüßte, hatte Bundeskanzler Konrad Adenauer schon in der Frühphase der Krise keinen Zweifel daran gelassen, daß er die Bombardierung und die Invasion Kubas wünschte.

Auf dem Höhepunkt des Konfliktes bewiesen Nikita Sergejewitsch Chruschtschow und John F. Kennedy, daß sie über das notwendige Maß an Vernunft, Entschlossenheit und Durchsetzungskraft verfügten, um das Schlimmste, die Menschheitskatastrophe eines atomaren Weltkrieges, zu verhindern. Sie erreichten einen für beide Seiten akzeptablen Kompromiß, der sich in der Folgezeit, trotz immer wieder neu auftauchender Probleme, als tragfähig erwies. Der Präsident und der Erste Sekretär mußten sich mit ihren Entscheidungen jeweils gegen Kräfte durchsetzen, die bereit waren, weit größere Risiken einzugehen und die Schwelle vom Frieden zum Krieg zu überschreiten. Rückblickend auf die Kubakrise schrieb Chruschtschow in seinen Memoiren: »Jeder Narr kann einen Krieg beginnen, und hat er es erst einmal getan, wissen selbst die weisesten Männer keinen Rat, den Krieg zu beenden – vor allem, wenn es ein Atomkrieg ist.«

Aus dem ersten, vermutlich ohne Wissen des Parteipräsidiums abgeschickten Schreiben Chruschtschows an Kennedy vom 26. *Oktober* 1962

(...) Ich denke, wenn Ihnen tatsächlich am Wohlergehen der Welt gelegen ist, werden Sie mich richtig verstehen. Jedermann braucht Frieden: Sowohl Kapitalisten, sofern sie nicht den Verstand verloren haben, als auch um so mehr Kommunisten – Menschen, die nicht nur ihr eigenes Leben, sondern vor allem das Leben der Völker zu schätzen wissen. Wir Kommunisten sind grundsätzlich gegen Kriege zwischen Staaten und sind für die Sache des Friedens eingetreten, seit es uns gibt. Wir haben Krieg immer als Unglück angesehen, nicht als Spiel oder als Mittel, bestimmte Ziele zu erreichen, und noch viel weniger als Selbstzweck. Unsere Ziele sind eindeutig, und das Mittel, sie zu erreichen, ist die Arbeit. Der Krieg ist unser Feind und ein Unglück für alle Nationen.

(...) sollte aber tatsächlich ein Krieg ausbrechen, dann läge es nicht mehr in unserer Macht, ihn einzudämmen oder zu beenden; denn das ist die Logik des Krieges. Ich habe an zwei Kriegen teilgenommen, und ich weiß, daß ein Krieg erst endet, wenn er Städte und Dörfer überrollt und überall Tod und Zerstörung gebracht hat.

(...) Wir aber wollen leben, und keinesfalls wollen wir Ihr Land vernichten. Wir wollen etwas völlig anderes: Nämlich uns in friedlichem

Streben mit Ihrem Land messen. Wir diskutieren mit Ihnen; wir haben Differenzen über ideologische Fragen. Aber nach unserer Vorstellung von der Welt sollten Fragen der Ideologie ebenso wie ökonomische Probleme mit anderen als militärischen Mitteln beigelegt werden; sie müssen in einer friedlichen Auseinandersetzung – oder wie man es in der kapitalistischen Gesellschaft interpretiert – durch Wettbewerb gelöst werden. Unsere Prämisse war und ist, daß die friedliche Koexistenz zwischen zwei unterschiedlichen sozialpolitischen Systemen – eine Realität in unserer Welt – von entscheidender Bedeutung ist und daß sie unentbehrlich ist, um den Frieden dauerhaft zu sichern. Das sind die Grundsätze, an denen wir festhalten.

(...) Wenn die Menschen nicht Klugheit walten lassen, werden sie schließlich den Punkt erreichen, an dem sie blind wie die Maulwürfe aufeinanderprallen, und dann wird die gegenseitige Vernichtung ihren Anfang nehmen.

Lassen Sie uns deshalb staatsmännische Klugheit beweisen. Ich schlage vor: Wir erklären unsererseits, daß unsere Schiffe mit Kurs auf Kuba keine Waffen an Bord haben. Sie erklären, daß die Vereinigten Staaten weder mit eigenen Truppen eine Invasion in Kuba durchführen werden noch andere Truppen unterstützen werden, die eine Invasion in Kuba planen könnten. Damit hätte sich die Präsenz unserer Militärexperten in Kuba erübrigt. (...)

Aus dem Antwortschreiben Kennedys an Chruschtschow vom 27. Oktober 1962

(...) Ich habe Ihren Brief vom 26. Oktober mit großer Sorgfalt gelesen und begrüße Ihre Absichtserklärung, eine sofortige Lösung des Problems anzustreben. Was jedoch als erstes getan werden muß, ist, die Arbeit an den offensiven Raketenstützpunkten in Kuba einzustellen und alle Waffensysteme in Kuba, die sich offensiv einsetzen lassen, zu entschärfen, und dies unter angemessenen Vorkehrungen der Vereinten Nationen.

(...) Wie ich Ihren Brief verstanden habe, enthalten Ihre Vorschläge – die nach meinem Verständnis im allgemeinen annehmbar sind – folgende Schlüsselelemente:

1) Sie würden sich bereit erklären, diese Waffensysteme unter angemessener Beobachtung und Überwachung der Vereinten Nationen abzuziehen, und sich verpflichten, geeignete Sicherheitsvorkehrungen vorausgesetzt, die weitere Einfuhr solcher Waffensysteme nach Kuba zu unterbinden.

2) Wir unsererseits würden uns bereit erklären – nachdem die Vereinten Nationen geeignete Vorkehrungen getroffen haben, die Erfüllung und Einhaltung dieser Verpflichtungen sicherzustellen –, a) die Quarantäne-Anordnungen, die derzeit gelten, umgehend aufzuheben; und b) Garantien gegen eine Invasion Kubas zu geben. Ich bin zuversichtlich, daß andere Länder der westlichen Hemisphäre bereit wären, das gleiche zu tun.

Wenn Sie Ihren Vertretern entsprechende Anweisungen erteilen, gibt es keinen Grund, weshalb wir nicht in der Lage sein sollten, diese Vereinbarungen innerhalb einiger Tage zustande zu bringen und sie der Welt bekanntzugeben. (...) Ich möchte noch einmal erklären, daß die Vereinigten Staaten sehr daran interessiert sind, die Spannungen abzubauen und den Rüstungswettlauf zu beenden; und sollte Ihr Brief signalisieren, daß Sie bereit sind, Gespräche über eine Entspannung bezüglich der NATO und des Warschauer Paktes zu führen, sind wir gerne bereit, mit unseren Verbündeten über jeden sachdienlichen Vorschlag nachzudenken.

Doch der erste wesentliche Schritt – lassen Sie mich dies betonen – ist die Einstellung der Arbeiten an den Raketenstützpunkten in Kuba und das Einleiten von Maßnahmen, diese Waffen zu entschärfen, und zwar unter wirksamen internationalen Garantien. Die Fortsetzung dieser Bedrohung oder die Verzögerung der Gespräche über Kuba durch eine Verknüpfung dieser Probleme mit umfassenderen Fragen der Sicherheit Europas und der Welt würde sicher zu einer Intensivierung der Kuba-Krise und zu einer ernsthaften Gefährdung des Weltfriedens führen. Aus diesem Grunde hoffe ich, daß wir bald zu einer Einigung in der Richtung kommen können, die in diesem Brief und in Ihrem Schreiben vom 26. Oktober dargelegt ist. (...)

Als sich die Situation am 28. Oktober entspannte, dankte der Präsident in Gegenwart von McNamara den Stabschefs und betonte, daß ihre Ratschläge ihm in dieser äußerst schwierigen Zeit sehr geholfen hätten. Die freundliche Geste fand aber keinen Widerhall. Admiral Anderson war beleidigt: »Wir sind hereingelegt worden.« Der Stabschef der Luftwaffe, General Curtis E. LeMay, konnte es nicht fassen: »Das ist die größte Niederlage unserer Geschichte, Mr. President. (...) Wir sollten noch heute einmarschieren.« Kennedy war »völlig schockiert (...) Bei seiner Antwort stotterte er«, erinnert sich McNamara. In einem Gespräch mit Arthur M. Schlesinger meinte der Präsident, man müsse unmittelbar vor den Zwischenwahlen zum Kongreß mit Angriffen der Republikaner rechnen. Sie könnten uns vorwerfen, »daß wir eine Chance hatten, Castro loszuwerden, und ihm statt dessen eine Garantie gegeben haben«. Robert Kennedy notierte eine Bemerkung seines Bruders: »Die Militärs sind verrückt. Sie wollten das unbedingt durchziehen. Es ist ein Glück für uns, daß wir McNamara haben.«

Die Tage vom 14. bis zum 28. Oktober 1962 hatten die unkalkulierbaren Gefahren einer internationalen Krise, die komplizierten Zusammenhänge von Krisenmanagement und Kriseneskalation in dramatischer Weise deutlich gemacht. Am Ende konnte man zwar eine militärische Auseinandersetzung vermeiden und eine politische Lösung finden. Doch die Situation geriet einige Male eindeutig außer Kontrolle. So war zeitweise unklar, in welcher Entfernung von der kubanischen Küste der amerikanische Blockadering verlief. Mehrfach standen sich sowjetische U-Boote und amerikanische Kriegsschiffe bedrohlich gegenüber. Aus nach wie vor nicht eindeutig geklärten Umständen wurde auf dem Höhepunkt der Krise, am 27. Oktober, eine hochfliegende U-2 der USA über Kuba abgeschossen. Wahrscheinlich aufgrund eines Navigationsfehlers drang am selben Tag ein amerikanisches Militärflugzeug in den sowjetischen Luftraum ein, was bei McNamara regelrechtes Entsetzen auslöste.

Ungenügende Informationen, Fehlurteile und mangelndes Verständnis für das Denken und Handeln der anderen Seite, extreme Anspannung und Übermüdung der Akteure im Weißen Haus und im Kreml führten einige Male zu höchst gefährlichen Situationen –

die vermutlich nur durch Zufall und Glück nicht in einer Katastrophe mündeten. Ein perfektes, rationales Krisenmanagement, das viele Berater Kennedys anschließend diesem und sich selbst euphorisch bescheinigten, hatte es in Wirklichkeit nicht gegeben.

Im Oktober 1987, mit dem zeitlichen Abstand von 25 Jahren, kam McNamara während eines amerikanisch-sowjetischen Symposiums an der Harvard University zum Ergebnis: »Ich denke, wir haben zwei Dinge gelernt. Erstens: Man kann eine Krise *nicht* managen, wenn es sich dabei um eine militärische Konfrontation zwischen den beiden großen Mächten oder zwischen dem Warschauer Pakt und der NATO handelt. (...) Und deshalb lautet die zweite Lehre: Wir müssen lernen, Krisen zu vermeiden.«

Nachdem man in den Abgrund eines atomaren Weltkrieges geblickt und erst im allerletzten Augenblick noch eine Kompromißlösung gefunden hatte, setzte in Washington ebenso wie in Moskau ein Prozeß des Nachdenkens ein. Beide Seiten hatten gelernt – ganz im Sinne McNamaras –, daß neue, vergleichbare Krisen unbedingt zu vermeiden waren. Jetzt zeigten sie sich bereit, Rüstungskontrolle und die Möglichkeiten einer Beendigung atomarer Tests ernsthaft ins Auge zu fassen.

Doch die sowjetische Führung hielt daran fest, ihre beträchtliche militärstrategische Unterlegenheit gegenüber den Vereinigten Staaten so schnell wie möglich zu beseitigen. In weniger als einem Jahrzehnt, an der Wende von den sechziger zu den siebziger Jahren, wurde dieses Ziel schließlich erreicht. Es entstand ein annäherndes Kräftegleichgewicht, das sich alles in allem stabilisierend auf die internationalen Beziehungen auswirkte und zur Entspannung in der ersten Hälfte der siebziger Jahre führte. Die Aufrüstung dürfte jedoch Milliarden Rubel gekostet haben und trug in der Folgezeit zum Niedergang des Landes bei. In den USA dagegen stimulierte die Aufrüstung die Wirtschaft, deformierte sie wie beschrieben aber auch.

Der auf dem Höhepunkt der Kubakrise durch den Briefwechsel zwischen Kennedy und Chruschtschow erzielte Kompromiß wurde niemals in einer bindenden Vereinbarung fixiert, in der praktischen Politik hielten sich beide Seiten aber strikt daran. Chruschtschow unterstützte die kubanische Revolution weiterhin wirtschaftlich, politisch und begrenzt auch militärisch. Kennedy wollte nach wie vor das Castro-Regime stürzen und eine neue, den USA nahestehende, antikommunistische Regierung ermöglichen. Anfang 1963 wurde die Operation »Mongoose« für beendet erklärt. Aber schon im Sommer stimmte der Präsident einem neuen Programm der CIA zu, das kubanische Kraftwerke, Petroleumraffinerien und Zuckerrohrplantagen, Fabriken und Lagerhäuser, Schienennetze und Straßen zum Ziel von Sabotageakten machte.

Ein strategisch wichtiger Partner in diesem verdeckten Kampf blieb die Mafia, die vor der kubanischen Revolution 1959 auf der Insel mit Rauschgifthandel, Glücksspiel und Prostitution einen durchschnittlichen Jahresgewinn von über einer Milliarde Dollar erzielt hatte. Die bereits erwähnten Attentatspläne auf Castro schienen einem schlechten Kriminal- oder Spionagefilm entnommen zu sein. Der amerikanische Historiker Thomas Brown spricht von »the CIA's comic opera schemes«. Beispielsweise sollte eine Muschel mit einem Sprengkörper gefüllt und an jene Stelle des Strandes plaziert werden, an der Castro häufig ins Wasser ging. Einen Federhalter präparierte man mit einer Nadel für eine Giftinjektion – er wurde einem Agenten am Tage der Ermordung Kennedys übergeben. Eine skurrile Sensibilität für die politische Denkart des Gegners bewies der Plan, dem kubanischen Regierungschef ein Pülverchen in die Schuhe zu streuen, das kompletten Haarausfall bewirken sollte. Der Verlust seines revolutionären Macho-Bartes würde ihn, so die Geheimdienstexperten, der Lächerlichkeit preisgeben und politisch ruinieren. Der Mafia konnte man gewiß nicht nachsagen, im gewaltsamen Beseitigen von Rivalen und Verrätern besonders zimperlich oder unerfahren gewesen zu sein. Die Ermordung des Regierungschefs eines fremden Landes war für sie aber letztlich eine Nummer zu groß. Seit den Tagen Joe Kennedys waren die Verbindungen von US-Regierung und Mafia vielfältig. Eine der zahlreichen Geliebten John F. Kennedys, Judith Campbell, war gleichzeitig die Geliebte des am Mordkomplott beteiligten Gangsterbosses von Chicago, Sam Giancana. Sie fungierte als Kurier zwischen beiden, was darauf hindeutet, daß der Präsident von den Plänen des Geheimdienstes und dem organisierten Verbrechen wußte. Doch die Zusammenarbeit von CIA und Mafia war keine neue Errungenschaft der Kennedy-Administration. Gemeinsam hatten sie 1960 unter Eisenhower versucht, den unliebsamen kongolesischen Ministerpräsidenten Patrice

Lumumba zu ermorden, der schließlich von einem belgischen Söldner umgebracht wurde.

Parallel zu den Sabotageakten und Mordplänen fanden jedoch bis zum Tod Kennedys geheime Gespräche zwischen Washington und Havanna statt, um die Beziehungen zwischen beiden Ländern zu verbessern. Castro ließ im Dezember 1962 mehr als 1100 Exilkubaner frei, die bei der Invasion in der Schweinebucht gefangengenommen worden waren. Er erhielt im Gegenzug dafür Medikamente, medizinische Geräte und Babynahrung im Wert von etwa 54 Millionen Dollar. Vermutlich stammte ein Teil des Geldes aus dem Privatvermögen der Familie Kennedy. Am 29. Dezember 1962 begrüßte der Präsident die Freigelassenen und versprach, daß ihre Fahne dereinst über einem freien Havanna wehen würde.

Von April bis Anfang Juni 1963 besuchte Castro auf Einladung Chruschtschows für sechs Wochen die Sowjetunion. Die Spannungen, die es nach dem Abzug der sowjetischen Raketen zwischen Moskau und Havanna gegeben hatte, legten sich, und beide Seiten wollten auch militärisch weiterhin eng zusammenarbeiten. Am Ende seines Besuches erklärte Castro, die Sowjetunion habe nicht gezögert, das Risiko eines Krieges einzugehen, »um unser kleines Land zu verteidigen. Die Geschichte kennt kein anderes Beispiel solcher Solidarität. *Das* ist Internationalismus! *Das* ist Kommunismus!« Seine Worte lösten in Washington nicht gerade Jubelstürme aus. Die geheimen amerikanisch-kubanischen Gespräche wurden erst einmal unterbrochen.

Seit der zweiten Hälfte der fünfziger Jahre verhandelten bereits die USA, Großbritannien und die Sowjetunion über ein Verbot atomarer Versuche im Weltall, unter der Erdoberfläche und in der Atmosphäre, wo der radioaktive Niederschlag besonders gefährlich war. Bis 1962 konnte man sich nicht einigen, doch nach der Kubakrise wollte man endlich zum Abschluß eines Vertrages kommen.

Ein Versuchsverbot sollte das Wettrüsten begrenzen und letztlich verhindern, daß neue Atom- und Wasserstoffbomben entwickelt werden würden. Doch die Kontrolle eines Verbots war schwierig, denn atomare Tests unterhalb der Erdoberfläche waren kaum von Erdbeben zu unterscheiden. Die USA wollten deshalb Inspekteure in die Sowjetunion schicken und waren bereit, das gleiche Recht auch der anderen Seite zuzugestehen. Während Washington anfangs bis zu 20 Inspektionen pro Jahr forderte, wollte Moskau überhaupt keine gestatten, da diese technisch nicht nötig seien und der Spionage Tor und Tür öffneten. Chruschtschow erklärte, er denke nicht daran, dem Beispiel orientalischer Männer zu folgen und Fremde in den Harem zu lassen.

Ein Kompromiß kam nicht zustande. Am 22. April 1963 berichtete der Herausgeber der *Saturday Evening Post*, Norman Cousins, dem Präsidenten über ein Gespräch, das er eine Woche zuvor mit Chruschtschow geführt hatte. Cousins war ein engagierter Befürworter der Entspannungspolitik und sagte Kennedy, daß innenpolitische Erwägungen den sowjetischen Parteichef zwängen, in der Frage des Teststoppabkommens einen harten Kurs zu verfolgen. Der Präsident hatte die gleiche Information bereits von der CIA erhalten. Es sei eine »Ironie des Schicksals, daß Mr. Chruschtschow und ich innerhalb unserer Regierungen annähernd dieselben Schwierigkeiten haben. Ebenso wie ich möchte er gerne einen Atomkrieg verhindern, aber wird von den Hardlinern in seiner Umgebung unter Druck gesetzt (...) Mir geht es ganz ähnlich (...) Die Hardliner in der Sowjetunion und in den Vereinigten Staaten provozieren sich immer wieder gegenseitig und rechtfertigen dann ihr eigenes Handeln mit der Reaktion der Gegenseite.« Als Kennedy in diesem Zusammenhang gefragt wurde, wie er die Position Chruschtschows und die im Kreml zu beobachtenden Auseinandersetzungen beurteile, antwortete er: »Ich kann mir vorstellen, daß Chruschtschow das selbst gern wissen möchte (...) Ich glaube nicht, daß wir Genaues wissen, aber ich nehme an, er hat seine guten und schlechten Tage wie wir alle.«

Um endlich aus der Sackgasse herauszukommen, griffen Washington, London und Moskau auf eine Variante zurück, die in den vorangegangenen Jahren schon mehrfach im Gespräch gewesen war: den Abschluß eines Vertrages über den *begrenzten* Stopp atomarer Versuche. Tests unter der Erdoberfläche sollten von dem Verbot allerdings ausgenommen werden. Damit entfiel die strittige Frage der Inspektionen, und die sowjetische Seite schien sich mit dem Vorschlag anzufreunden. Andrej Sacharow schreibt in seinen Memoiren, *er* habe Chruschtschow dazu geraten. Man vereinbarte ein Treffen im Juli 1963 in Moskau, um darüber zu verhandeln. Und dies bildete den Hintergrund für Kennedys berühmte Friedensrede an der American University vom 10. Juni. Der wichtigste Schritt in Richtung eines dauerhaften Friedens sei der Verzicht auf weitere atomare Versuche. Ein Vertrag würde die Sicherheit der Vereinigten Staaten erhöhen und die Wahrscheinlichkeit eines Krieges verringern. Damit wollte er die Bevölkerung seines Landes überzeugen, einem begrenzten Teststoppvertrag zuzustimmen. Laut Chruschtschow war es die beste Rede eines amerikanischen Präsidenten seit Franklin D. Roosevelt.

Am 15. Juli 1963 trafen Averell Harriman als Leiter der amerikanischen und Lord Hailsham als Leiter der britischen Verhandlungsdelegation in Moskau ein. Andrej Gromyko stand an der Spitze der sowjetischen Abordnung. Bei einem Empfang für den ungarischen Parteichef János Káolár begrüßte Chruschtschow Harriman und meinte, er freue sich, »den Imperialisten« wiederzusehen. Dieser erwiderte, 1959 in den USA habe ihn der sowjetische Parteichef als »Kapitalisten« tituliert. Müsse er die neue Anrede als Beförderung oder als Degradierung betrachten? Auf die wachsende Zahl amerikanischer Militärberater in Vietnam anspielend, antwortete Chruschtschow, ein Imperialist sei ein Kapitalist, der sich in die Angelegenheiten anderer Länder einmische.

Im Gespräch mit den Delegationsleitern stimmte Chruschtschow einem begrenzten Teststopp zu. Zugleich schlug er weitere Schritte vor: Warschauer Pakt und NATO sollten einen Nichtangriffsvertrag schließen, die Verteidigungsbudgets sollten gekürzt und die Streitkräfte in den beiden deutschen Staaten verringert werden. In Abstimmung mit Kennedy lehnte Harriman eine Koppelung von Teststopp und Nichtangriffsvertrag ab. Die Militärs hatten den Präsidenten dazu gedrängt, da sie befürchteten, ein solches Abkommen könne negative Folgen für die Entwicklung der NATO haben. Außerdem wußte Kennedy, daß Konrad Adenauer gegen einen Nichtangriffsvertrag Sturm gelaufen wäre. Amerikanische Beobachter hielten den Bonner Regierungschef nicht nur deshalb für »zutiefst neurotisch«.

Der Vertrag über das Verbot atomarer Versuche in der Atmosphäre, im Weltraum und unter Wasser wurde am 5. August 1963 in Moskau unterzeichnet. Bis zum 11. September schlossen sich weitere 77 Staaten dem Abkommen an, das am 10. November in Kraft trat.

Zwei Staaten verweigerten sich, obwohl deren Beitritt besonders wichtig gewesen wäre: China und Frankreich. Charles de Gaulle und Mao Tse-tung hatten sich allen Überredungsversuchen aus Washington und Moskau schroff widersetzt. Peking verurteilte den Vertrag und warf der UdSSR vor, sie gebe ihre revolutionären Prinzipien preis, indem sie sich mit den USA verbünde. Das seit einigen Jahren schwelende sowjetisch-chinesische Zerwürfnis trat einmal mehr zutage.

Kennedy benötigte zur Ratifizierung des Vertrages eine Zweidrittelmehrheit im Senat, die allerdings nicht sicher war. Er befürchtete die Ablehnung der Republikaner und der Demokraten aus den Südstaaten, den sogenannten »Dixiekraten«. An der Spitze der Opposition standen der Vater der amerikanischen Wasserstoffbombe, Edward Teller, und der ehemalige Chef der Atomenergiekommission, Admiral Lewis Strauss.

Kennedy wußte: Wenn die Militärs das Abkommen ablehnten, würde auch der Senat nicht zustimmen. Die Stabschefs aber forderten für ihre Unterstützung einen hohen Preis. Dem Präsidenten blieb nichts anderes übrig, als ihn zu zahlen und ihnen weitere unterirdische Tests zuzusichern. Außerdem wollten sie die Versuche in der Atmosphäre eventuell wiederaufnehmen und ihre Kernwaffenlabors behalten, was ihnen ebenfalls zugestanden wurde. Am 24. September 1963 befürwortete der Senat den Vertrag mit 80 Pro- zu 19 Gegenstimmen.

Die Einigung über das begrenzte Verbot atomarer Versuche beendete die besonders gefährlichen Tests in der Atmosphäre. Dieser erste Schritt auf dem Weg zur Rüstungskontrolle verringerte die Gefahr eines nuklearen Krieges spürbar. Andrej Sacharow schrieb später in seinen Memoiren, das Abkommen habe Hunderttausenden, vielleicht Millionen Menschen, die bei einer Fortsetzung der Versuche unweigerlich umgekommen wären, das Leben gerettet. Die Hoffnung, daß es ohne Tests keine neuen Atomwaffen geben würde, blieb aber unerfüllt. Die Versuche unter der Erdoberfläche gingen nicht nur weiter, ihre Zahl nahm sogar beträchtlich zu.

Die Beziehungen zwischen den beiden Supermächten verbesserten sich im Sommer und im Laufe des Herbstes 1963. Am 20. Juni richtete man mit dem sogenannten »Roten Telefon« einen heißen Draht ein. Die direkte Kommunikation zwischen Kreml und Weißem Haus sollte zukünftig Probleme ausschließen, die während der Kubakrise bei der Nachrichtenübermittlung aufgetreten waren. Damals mußte eine Botschaft Kennedys an Chruschtschow von einem fahrradfahrenden Telegrammboten zum Gebäude der Western Union gebracht werden, ein Motorradfahrer beförderte die Antwort zu *Radio Moskau*, wo sie öffentlich über den Sender ging. Jetzt installierte man eine Telex-Verbindung mit Leitungen über London, Kopenhagen, Stockholm und Helsinki. Als erste Botschaft zur Überprüfung der neuen Technik übermittelte die sowjetische Seite einen längeren Text aus dem Werk eines russischen Klassikers. Die entsprechende amerikanische *message* war wesentlich kürzer – und auch weniger poetisch. Sie lautete: »Der schnelle, braune Fuchs sprang über den faulen Hund.«

Innenpolitische Schwierigkeiten und Konflikte in diesen Jahren holten die Politiker bald ein, die hofften, sich auf außenpolitische Entspannung konzentrieren zu können. Eine katastrophale Mißernte bedrohte 1963 die Sowjetunion. Chruschtschow brachte die Lage bei Beratungen im Parteipräsidium auf den Punkt: Entweder man läßt wie Stalin die Menschen verhungern oder man kauft Getreide im Westen. Er setzte seinen zweiten Vorschlag durch.

Auf amerikanischer Seite war man sich nicht einig, beinahe die gesamte Rechte lehnte den Verkauf von Weizen an die Sowjetunion ab. Auch Vizepräsident Johnson sprach sich dagegen aus. Andere waren mit dem Argument dafür, schließlich könnten vor allem die Farmer von Minnesota einen Nutzen daraus ziehen. Senator Hubert Humphrey und Landwirtschaftsminister Orville Freeman erklärten ebenso pragmatisch wie lakonisch, es sei »vertretbar, den Sowjets alles zu verkaufen, womit sie nicht auf uns schießen können«. Sicherheitsberater Bundy meinte, das Geschäft werde Arbeitsplätze schaffen, die Staatsschuld reduzieren und die Lagerhaltungskosten in den USA verringern. Kennedy ließ sich von diesen Argumenten überzeugen und autorisierte Anfang Oktober den Verkauf von überschüssigem amerikanischen Weizen an die Sowjetunion.

Im September 1963 unterstützten die Regierungen der UdSSR und der USA eine UN-Resolution, die die Stationierung von nuklearen und anderen Massenvernichtungswaffen im Weltall verbot. Die amerikanisch-sowjetische Détente wurde auch durch die am 26. Juni in West-Berlin gehaltene Rede Kennedys gegen die Mauer und die dafür Verantwortlichen nicht ernsthaft gefährdet. Vor einer riesigen Menschenmenge sprach der Präsident die seitdem immer wieder zitierten Sätze: »Vor zweitausend Jahren war der stolzeste Satz, den ein Mensch sagen konnte: Ich bin ein Bürger Roms. Heute ist der stolzeste Satz, den jemand in der freien Welt sagen kann: Ich bin ein Berliner.« Er hatte die Worte während des Fluges nach Europa immer wieder geübt und trug sie im Bostoner Akzent mit einem unwiderstehlichen Charme vor. Sie lösten derartige Jubelstürme aus, daß er unmittelbar danach versuchte, ihnen etwas von dem Pathos zu nehmen: Er wisse es zu schätzen, sagte er, daß der Dolmetscher sein Deutsch ins Deutsche übersetzt habe.

Die Rede schloß mit einem klaren Bekenntnis zur Wiedervereinigung Deutschlands und Berlins. Intern hatte sich Kennedy in dieser Frage allerdings auch schon ganz anders geäußert: Nach dem Wiener Treffen mit Chruschtschow bezeichnete er es als »einfach idiotisch«, mit der Gefahr eines Atomkrieges konfrontiert zu sein, nur wegen eines Vertrages, »der Berlin als zukünftige Hauptstadt eines wiedervereinten Deutschlands vorsieht – wo wir doch alle wissen, daß Deutschland wahrscheinlich nie mehr wiedervereinigt wird«. Er sei kein Isolationist, aber es erscheine ihm mehr als absurd, »das Leben von einer Million Amerikanern aufs Spiel zu setzen für das Recht, eine Autobahn zu benutzen (...) oder weil die Deutschen Deutschland wiedervereinigt haben wollen«.

Die Antwort Chruschtschows auf Kennedys Auftritt ließ nicht lange auf sich warten. Vergleiche man die Friedensrede an der American University mit der in West-Berlin gehaltenen Ansprache, müsse man meinen, sie seien von zwei verschiedenen Präsidenten gehalten worden. Ironisch fügte er hinzu, Kennedy bemühe sich offenkundig ebenso wie de Gaulle »um die Hand der alten westdeutschen Witwe. Beide versuchen, ihr Herz zu gewinnen.« Damit war die Angelegenheit für ihn erledigt. Michael Beschloss kommentiert: Chruschtschow war »nicht kleinlich und verbuchte die Ansprache als Wortgefecht im Kalten Krieg, eine rhetorische Form, mit der auch er nicht eben geringe Erfahrungen« hatte.

In den letzten Monaten seines Lebens mußte Kennedy zur Kenntnis nehmen, daß die Situation in Vietnam immer komplizierter wurde. Eine grundsätzliche Entscheidung über das weitere amerikanische Vorgehen ließ sich nicht mehr lange hinausschieben. Von 1946 bis 1954 hatte Frankreich versucht, die Kontrolle über seine Kolonie Indochina wiederzuerlangen, die es im Zweiten Weltkrieg und unmittelbar danach faktisch verloren hatte. Die französischen Bemühungen scheiterten endgültig in Dien Bien Phu, wo die eingeschlossenen französischen Kolonialtruppen am 7. Mai 1954 vor den Einheiten der vietnamesischen Volksarmee kapitulieren mußten. Die Franzosen hatten damit den Indochinakrieg verloren.

Die USA standen jetzt vor der Frage, ob und wie sie den Sieg einer Befreiungsbewegung akzeptieren sollten, die kommunistisch und nationalistisch zugleich war. Das Genfer Indochina-Abkommen von 1954 besiegelte die Niederlage Frankreichs, teilte Vietnam entlang des 17. Breitengrades und legte Maßnahmen fest, nach denen das Land wiedervereinigt werden sollte. Die für 1956 vorgesehenen freien Wahlen wurden dann aber vom Süden mit amerikanischer Unterstützung verhindert, da ein kommunistischer Sieg als sicher galt. Die USA ersetzten Frankreich als dominierende westliche Macht. Ihre Unterstützung eines antikommunistischen Regimes in Südvietnam brachte sie in der Folgezeit zunehmend in Konflikt mit der Nationalen Befreiungsfront des Südens (NLF oder Vietcong) und der Demokratischen Republik Vietnam im Norden.

Der eskalierende Krieg war, wie der amerikanische Historiker Robert Griffith es sieht, »das Produkt des Kalten Krieges und die Projektion von damit verbundenen Ideen, Interessen und Strategien auf eine postkoloniale Welt des Nationalismus und der sozialen Revolution«. Er war das logische Ergebnis der amerikanischen Nachkriegspolitik, die darauf gerichtet war, »das zu erhalten, was der Truman-Berater Clark M. Clifford einmal als ›unser Konzept einer annehmbaren Weltordnung‹ beschrieben oder was Henry Luce vorher ein ›amerikanisches Jahrhundert‹ genannt hatte«.

Eisenhower hatte Südvietnam vor allem finanziell unterstützt und etwa 900 Militärberater geschickt. Unter Kennedy stieg diese Zahl auf etwa 16000. Weitergehende Vorschläge des Pentagon, Kampftruppen zu entsenden und Ziele in Nordvietnam zu bombardieren, lehnte der Präsident ab. Seine Vietnampolitik basierte auf drei Grundüberzeugungen: Erstens, die Sowjetunion und die anderen sozialistischen Staaten bildeten eine monolithische Kraft, der man widerstehen müsse. Zweitens, ein nichtsozialistisches, antikommunistisches Südvietnam sei unverzichtbar für die nationale Sicherheit der USA. Die, drittens, überlegene militärische Technologie der Vereinigten Staaten und ein perfektes Krisenmanagement könnten die eigenen Vorstellungen durchsetzen. Alle drei Prämissen sollten sich als falsch erweisen. Für diese Fehleinschätzungen der Kennedy- und später der Johnson-Regierung bezahlten 58 000 amerikanische Soldaten und schätzungsweise drei Millionen Vietnamesen mit ihrem Leben.

Kennedy wollte zunächst mit wirtschaftlicher und militärischer Hilfe für Südvietnam den Sieg Nordvietnams und des Vietcong verhindern. Er versuchte aber, den Einsatz amerikanischer Truppen zu vermeiden, und suchte nach politischen Wegen. Damit unterschied sich seine Vietnampolitik zwar von der seines Nachfolgers, doch Kennedy schuf nichtsdestotrotz dafür die Grundlagen. Niemand vermag zu sagen, ob sich Kennedy in einer zweiten Präsidentschaft für eine politische oder eine militärische Lösung entschieden hätte. Die Äußerungen in den letzten Monaten seines Lebens blieben widersprüchlich. Den Führer der Demokraten im Senat, Mike Mansfield, ließ er wissen, daß er die amerikanischen Soldaten aus Südvietnam abziehen wolle, wenn er wiedergewählt sei und für ihn kein politisches Risiko mehr bestünde. In anderen Gesprächen sagte er, eine Preisgabe Südvietnams käme auf keinen Fall in Frage. Möglicherweise hätte ihn Chruschtschow bei einer politischen Lösung unterstützt. Es gibt Hinweise, daß der sowjetische Staats- und Regierungschef Hanoi vertraulich drängte, von einer Befreiung des Südens abzulassen. Bitten nach größerer Militärhilfe beantwortete er mit der Empfehlung, lieber den Weg von Verhandlungen zu gehen. Eine Chance, die Deeskalationspolitik aus den Tagen der Kubakrise auch auf den vietnamesischen Fall anzuwenden, erhielten John F. Kennedy und Nikita Chruschtschow allerdings nicht mehr.

Der gewaltsame Abschied und das leise Vergessen – Nachwort

Kennedy war in Bedrängnis: Die Rechte und die Ultrarechte attackierten ihn im Herbst 1963 immer unverhohlener. Sie lehnten die Vorlage des Gesetzes für die Bürgerrechte der Schwarzen kategorisch ab, ebenso die Inhalte seiner Friedensrede an der American University sowie das in Moskau unterzeichnete Atomteststoppabkommen. Der Verkauf von Weizen an die Sowjetunion war in ihren Augen schlicht Verrat. In dieser aufgeheizten politischen Atmosphäre wurde John F. Kennedy am 22. November 1963 bei einer Fahrt im offenen Wagen durch das texanische Dallas erschossen. In Dallas, das im Profitrausch großer Erdölvorkommen lebte, wurde – im Grunde bis heute – sorgsam der Mythos des alten Texas gepflegt, als harte Männer zu Pferd mit rauchenden Colts das Gesetz in die eigene Hand nahmen. Hier starben in manchen Jahren mehr Menschen einen gewaltsamen Tod als in ganz England. Es zeugte von der herrschenden Hysterie und Gewaltbereitschaft, daß Kinder einer Schulklasse spontan Beifall klatschten, als sie die Nachricht vom Tode Kennedys erreichte.

Unmittelbar nach dem Mord verhaftete das FBI Lee Harvey Oswald als Hauptverdächtigen, der die Tat aber bei den folgenden Verhören bestritt. Oswald wurde im Polizeihauptquartier von Dallas von dem Barbesitzer Jack Ruby vor laufenden Kameras erschossen. Während der Untersuchungen in den folgenden Wochen, Monaten und Jahren verwickelten sich die Sicherheitsbehörden immer wieder in Widersprüche. Es zeigte sich, daß elementare Regeln bei der Aufklärung des Verbrechens verletzt worden waren. Beweisstücke waren nicht mehr auffindbar, mehrere Zeugen starben oder verschwanden auf mysteriöse Weise.

Offenbar schien ein zweiter Schütze am Attentat beteiligt gewesen zu sein. Die offiziellen Untersuchungen blieben aber dabei, daß es das Werk des Einzeltäters Oswald war. Die Spekulationen gingen in alle Richtungen. Wenig überzeugend war die Vermutung, die Sowjetunion und Kuba stünden hinter dem Mord, oder der Inselstaat habe sich gar auf eigene Faust für die Demütigungen während der Kubakrise gerächt. Andere glaubten, Kennedy sei das Opfer eines Komplotts geworden, das einen Staatsstreich zum Ziel hatte: Fanatische Antikommunisten und Verfechter des Kalten Krieges in der CIA, im FBI und in der Politik hätten ihn beseitigt, weil ihnen Kennedys Entspannungspolitik im Wege stand.

Einige Beobachter meinten, die Ungereimtheiten der Sicherheitsbehörden bei der Aufklärung des Falles hätten schlicht die Schlampereien und Nachlässigkeiten beim Schutz des Präsidenten vertuschen sollen. Diese These wurde ebensowenig bewiesen wie eine andere weitverbreitete Vermutung, nach der das organisierte Verbrechen seine Finger im Spiel gehabt haben soll. Die Mafia habe Kennedy aus dem Weg geräumt, um sein Programm für eine verbesserte Verbrechensbekämpfung zu verhindern.

Ein knappes Jahr nach dem Tod Kennedys verschwand auch Chruschtschow von der politischen Bühne. Zu seinem 70. Geburtstag am 17. April 1964 hatte er als »unser Nikita Sergejewitsch« noch viel überschwengliches Lob und hohe Ehrungen bekommen. Sechs Monate später, am 14. Oktober, beschloß das Zentralkomitee der KPdSU dem Vorschlag des Präsidiums zu folgen und ihn aller seiner Ämter zu entheben. Michail Suslow hielt die Anklagerede, die den Ersten Sekretär und Ministerpräsidenten pauschal und undifferenziert verurteilte, ohne auch nur ein einziges Wort der Anerkennung oder des Dankes für elf Jahre Arbeit zu finden. Die Liste der Vorwürfe war lang: gedankenlose, unausgegorene Führung der Regierungsgeschäfte, einsame Entscheidungen, sprunghafte, unüberlegte Reformen, Mißerfolge in der Außenpolitik, mangelnde Selbstbeherrschung und Großspurigkeit, Ämterpatronage und Vetternwirtschaft. Chruschtschow war nicht bereit, die zum Teil berechtigte Kritik zu akzeptieren. Sichtbar erschöpft, müde und resigniert gab er aber dann widerstandslos auf. Das Zentralkomitee wählte seinen bisherigen Stellvertreter Leonid Breschnew zum Ersten Sekretär und Alexej Kossygin zum Ministerpräsidenten. Am 16. Oktober 1964 wurde die Öffentlichkeit informiert, Chruschtschow habe wegen seines fortgeschrittenen Alters und seines verschlechterten Gesundheitszustandes selbst um die Ablösung von seinen Ämtern gebeten. Einen Tag später wetterte die *Prawda* unter Berufung auf Lenin gegen Subjektivismus und Phantastereien, realitätsferne Entscheidungen und Hang zum Administrieren, ohne den Entlassenen direkt zu nennen. Im ganzen Land gab es keine einzige gesellschaftliche Gruppe, die energisch für Chruschtschow eintrat. Sein Ansehen hatte unter der schlechten wirtschaftlichen Lage und den enttäuschten Hoffnungen gelitten. Das Zentralkomitee enthob ihn aller Ämter, die es ihm einst übertragen hatte, ließ ihm aber als Staatsrentner eine Pension, eine Datscha und einige seiner Privilegien. Es zeugte von dem gewaltigen Wandel, der unter seiner Führung im Lande stattgefunden hatte, daß er vergleichsweise milde behandelt wurde.

Vier Jahre nach Chruschtschows Abgang ließen seine Nachfolger die Panzer rollen. Das Jahr 1968 markierte mit der Niederschlagung des Prager Frühlings in der Tschechoslowakei eine weitere Zäsur in der sowjetischen Geschichte. Von da an fürchtete die für Veränderungen ohnehin nicht sehr aufgeschlossene Führung jedes Risiko, jede noch so bescheidene Neuerung und noch so begrenzte Reform wie der Teufel das Weihwasser. Weiter- und Durchwursteln wurde zur Strategie – Erstarrung, Verkrustung und Lethargie waren die Folgen. Die hohen Devisengewinne aus dem Export von Erdöl, Erdgas und anderen Rohstoffen erwiesen sich als Danaergeschenk. Man glaubte, mit ihrer Hilfe die Probleme der Wirtschaft in den Griff zu bekommen, ohne sich dem Druck und den Anforderungen der internationalen wissenschaftlich-technischen Revolution wirklich stellen zu müssen – eine verhängnisvolle Fehleinschätzung. Der Krieg in Afghanistan, der von einer kleinen Gruppe in der Moskauer Führung beschlossen wurde, gab der Sowjetunion wirtschaftlich, politisch, militärisch und moralisch den Rest. Der Versuch Gorbatschows, nach 1985 noch etwas zu verändern, kam vermutlich zu spät und war wohl einerseits zu zaghaft und ängstlich, andererseits zu überstürzt und chaotisch.

Im erzwungenen Ruhestand bewies der innerlich verletzte, zeitweise verzweifelte Chruschtschow die Fähigkeit, geistig wie politisch weiter zu wachsen und zu reifen. In seinen Memoiren traten neben alten Vorurteilen, einseitigen Betrachtungsweisen und allzu großen Vereinfachungen eine »ungewöhnliche Weite des Horizonts und tiefe Einsicht zutage«, wie Edward Crankshaw schrieb. Mit der für ihn charakteristischen Vorliebe für Bilder und Zitate aus der Bibel verglich Chruschtschow den Kapitalismus mit der Hölle, den Sozialismus mit dem Paradies. Vollends zufrieden war er mit letzterem aber nicht, also begann er, über Unzulänglichkeiten, Ärgernisse und Mißstände seines Paradieses nachzudenken: Sicherlich dürfe man sich den Sozialismus nicht so vorstellen, grübelte er, »daß ein Füllhorn über jedermann ausgeleert würde und man nur den Mund aufzusperren brauchte, um satt zu werden. Nein, von dieser Art ist unser Paradies nicht – zumindest noch nicht. Und ich weiß nicht, ob dieser Zustand je erreicht werden wird.«

Ein anderer, weitaus wichtigerer Aspekt brachte ihn ebenfalls zum Nachdenken: »Man kann die Menschen nicht mit Gewaltandrohung ins Paradies treiben und dann Soldaten am Ausgang postieren.« Jedem Bürger der Sowjetunion müsse man freistellen, wo er leben möchte. Wenn er das Land verlassen wolle, um eine Weile anderswo zu leben, dürfe man ihm nichts in den Weg legen. Er, Chruschtschow, könne einfach nicht glauben, daß ein Paradies nach nunmehr fünfzig Jahren Sowjetmacht hinter Schloß und Riegel gehalten werden müsse: »Ich zweifle nicht daran, daß es praktisch und auch theoretisch denkbar wäre, daß wir unsere Grenzen öffneten – was hätten wir schon für eine Freiheit, wenn das nicht denkbar wäre?«

Mit Genugtuung schilderte er, wie er in seiner Amtszeit der weltbekannten sowjetischen Ballerina Maja Plisezkaja gegen den Widerstand anderer Mitglieder der Parteiführung ein Visum erteilen ließ, um ihr die Teilnahme an Auslandstourneen zu ermöglichen. Bei einer Ablehnung hätten wir, so seine Überlegung, »vermutlich einen seelischen Krüppel aus ihr gemacht und eine Gegnerin des Sowjetsystems obendrein. Die menschliche Psyche ist etwas ungeheuer Zerbrechliches, demgegenüber man den höchsten Respekt aufbringen muß.«

Sieben Jahre nach seiner Amtsenthebung, am 11. September 1971, starb Chruschtschow. Keiner der führenden sowjetischen Politiker nahm an der Beisetzung teil. Doch eine frühere Mitarbeiterin, die 1937 während des stalinschen Terrors verhaftet und erst nach dem XX. Parteitag wieder befreit worden war, erinnerte an den Wandel, den Chruschtschow eingeleitet hatte: »Im Namen von Millionen Menschen, die in den Lagern und Gefängnissen unschuldig gequält worden sind, denen Du, Nikita Sergejewitsch, ihren ehrlichen Namen zurückgegeben hast, für alle Deine Freunde, für die Hunderttausende, die Du aus den schrecklichen Orten der Verbannung zurückgeholt hast, spreche ich Dir meinen Dank aus und verbeuge mich tief vor Dir. Ich weiß, wieviel Mut, Tapferkeit und eiserner Wille nötig waren, um die Gerechtigkeit wiederherzustellen. Wir werden bis ans Ende unserer Tage daran denken und unseren Kindern und Kindeskindern davon erzählen.«

Nach seinem Rücktritt hatte sich Chruschtschow bei dem Bildhauer Ernst Neiswestny für sein rüdes Auftreten während der Moskauer Kunstausstellung im Dezember 1962 entschuldigt. Im Testament hielt er fest, Neiswestny solle gebeten werden, ein Denkmal für sein Grab zu schaffen. Es steht noch heute auf dem Friedhof des Moskauer Nowodjewitschij-Klosters und zeugt in Marmor und Granit – schwarz und weiß – von den schroffen Gegensätzen, die Chruschtschows Charakter bestimmten. Die Skulptur zeigt die ausdrucksvollen Gesichtszüge Chruschtschows: hellwach, listig und verschmitzt – und sich über seine blassen Nachfolger wundernd.

Seit dem Mord von Dallas sind in den USA zahlreiche Publikationen über John F. Kennedy mit kontroversen Wertungen seiner Person, seiner Präsidentschaft und seines Vermächtnisses erschienen. In einer ersten, etwa bis zum Ende der sechziger Jahre reichenden Phase gaben »engagierte Loyalisten« aus den inneren Kreisen der »Kennedy-Administration« den Ton an, vor allem Arthur M. Schlesinger, Theodore C. Sorensen und Pressesprecher Pierre Salinger. Später galten sie wegen ihrer fehlenden kritischen Distanz zum ermordeten Präsidenten als »Hof-Historiographen« und »Hagiographen«, Verfasser von Heiligenlegenden. Sie beschrieben den ermordeten Kennedy als Persönlichkeit ohne Fehl und Tadel. Er sei ein herausragender Vertreter des pragmatischen *progressive liberalism* gewesen, von praktischer Vernunft, ein dynamischer Politiker, der Macht und Einfluß seines Landes zu wahren wußte und verantwortungsbewußt für internationale Entspannung und Rüstungskontrolle eintrat. In der Nachbetrachtung seiner Anhänger war er ein Politiker, der gegen Dogmen und für Modernität stritt, die Bürgerrechtsbewegung engagiert unterstützte sowie Wissenschaft und Kunst förderte. Er sei durch Erfolge ebenso wie durch Mißerfolge gereift und gewachsen. Fehlentscheidungen in einzelnen Fragen seien vorwiegend aus dem knappen Wahlsieg von 1960 und dem Druck konservativer Mehrheiten im Kongreß zu erklären, die den Handlungsspielraum des Präsidenten beträchtlich eingeengt hätten. Eine zweite Amtsperiode mit einem für ihn günstigeren Kräfteverhältnis im Abgeordnetenhaus und im Senat hätte nach Ansicht dieser Autoren eine andere Politik ermöglicht: die Détente mit der Sowjetunion, den Rückzug aus Vietnam, ein entkrampftes Verhältnis zu Kuba und China, den Beginn einer Ära von Prosperität und Harmonie im Lande.

Die Medien und die triviale Massenkultur machten aus Kennedy nach seinem tragischen Tod einen Mythos, einen säkularen Heiligen, einen Befreier des schwarzen Amerika und einen unerschrockenen, strahlenden Helden. Er und seine engsten Mitarbeiter wurden mit dem britischen König Artus und dessen Tafelrunde von Schloß Camelot verglichen. Dies hatte allerdings weniger mit der historischen Sage zu tun, sondern mehr mit einem ebenso populären wie sentimentalen Broadway-Musical, dessen Melodien der Präsident geliebt hatte, wie Jacqueline Kennedy zu berichten wußte. Sie selbst förderte die Camelot-Legende nach Kräften. Als Vietnamkrieg und Watergate-Skandal am Ende der sechziger und in der ersten Hälfte der siebziger Jahre die Nation bis in die Grundfesten erschütterten, mußte auch das Kennedy-Bild korrigiert werden. Im Mittelpunkt der neuen Interpretation durch die sogenannten Revisionisten stand meist der Widerspruch zwischen dem, was Kennedy versprochen, und dem, was er wirklich erreicht hatte, zwischen Image und Realität, Anspruch und Wirklichkeit. Seine linken Kritiker suchten bei ihm und in seiner Amtszeit nach den Ursachen für die folgenden Fehlentwicklungen der USA – für alles, was schiefgelaufen war. Das Urteil war vernichtend: Außenpolitisch sei er ein konventioneller Kalter Krieger, innenpolitisch ein Konservativer, allenfalls ein aufgeklärter Konservativer gewesen.

Sein wohl schwerwiegendster Fehler habe darin bestanden, sich nicht von den Denkstrukturen einer angeblich bipolaren Welt gelöst zu haben. Jedes aus Not und Elend der Entwicklungsländer resultierende Bestreben nach Veränderung sei für ihn das »Werk Moskaus« gewesen. Das habe zu grundsätzlich falschen Antworten auf die fundamentalen Fragen der Dritten Welt geführt. Er trage die Verantwortung für ein ebenso rigoroses wie unnötiges Aufrüstungsprogramm der USA und damit für ein neuerliches Wettrüsten der beiden Supermächte, für militärische Verwicklungen im Ausland und für eine *Imperial Presidency* – die unter Franklin D. Roosevelt begonnene ständige Erweiterung der Rechte des Präsidenten gegenüber dem Kongreß.

Er habe sein Land schrittweise in den Vietnamkrieg mit allen seinen katastrophalen Auswirkungen geführt und eine Politik am Rande des Abgrunds verfolgt. Seine Innen- und Wirtschaftspolitik müßten primär als Versuch gesehen werden, die bestehenden Herrschaftsverhältnisse zu stabilisieren und die Macht der großen Firmen zu erhalten. Seine wirkliche Position zur Bürgerrechtsbewegung sei distanziert und übermäßig zurückhaltend, letztlich opportunistisch gewesen. Der renommierte linke Publizist I. F. Stone wertete ihn als »einen konventionellen Führer, (...) trotz seiner Jugend vorsichtig wie ein alter Mann, mit einem tiefen Mißtrauen gegenüber dem Volk«.

Im Unterschied zu den Kritikern der Linken hielten die Rechten Kennedy für einen politisch naiven Präsidenten, dem die nötige Härte im Umgang mit der Sowjetunion und den Kommunisten gefehlt hatte, der zuviel Staat, vor allem zuviel Wohlfahrtsstaat wollte, sich übermäßig in die Wirtschaft eingemischt und sich durch Radikalität in der Bürgerrechtsfrage hervorgetan hatte. Eine weder rechts noch links angesiedelte Skandal- und Enthüllungsliteratur mit zum Teil psycho-historisierender Tendenz stellte Kennedy als pathologischen Macho und Neurotiker dar, seelisch verkrüppelt und egoistisch bis zum Exzeß, skrupellos und machtbesessen, zynisch und korrupt.

Seit der zweiten Hälfte der siebziger Jahre begann sich eine moderatere, ausgewogenere Einschätzung Kennedys durchzusetzen, die Stärken und Schwächen benannte. Ihre Vertreter sahen in ihm »weder den Helden der Hagiographen noch den Bösewicht der Revisio-

Der eine wurde zum Mythos der westlichen Pop-Kultur – oft in einem Atemzug mit Elvis Presley, James Dean, John Lennon & Co. genannt.

nisten«. Sie bemühten sich, ihn vor allem in der Komplexität großer historischer Prozesse zu sehen, im Zusammenhang mit den Ideen und Institutionen, dem Geist und den Möglichkeiten seiner Zeit. Dabei wurden die Faktoren, die Einfluß und Macht Kennedys begrenzten, nüchtern analysiert: das System der *checks and balances*, die »gut finanzierten und gut organisierten privilegierten Interessen« und die politischen Aktionsgruppen und Kräfte, die bestrebt waren, »daß die Dinge so bleiben, wie sie sind«.

Während Kennedy nach dem Mord von Dallas in der westlichen Welt zum omnipräsenten Mythos wurde, schien Nikita Sergejewitsch Chruschtschow in der Sowjetunion seit Oktober 1964 wie vom Erdboden verschluckt. Es war, als hätte er nie existiert. Für die

Der andere geriet in Vergessenheit, obwohl Chruschtschows schauspielerische Fähigkeiten jene Kennedys bei weitem übertrafen.

neuen Machthaber galt er als Unperson. Unmittelbar nach der Ablösung verschwanden alle seine Porträts. Tauchte er auf Fotos zusammen mit anderen auf, so wirkten Retuschen wie Tarnkappen: Sie machten ihn unsichtbar. Sein Name fand keine Erwähnung mehr. Ließ es sich partout nicht vermeiden, ihn einmal zu nennen, trat er meist unter den Decknamen »der Erste Sekretär« oder »der Ministerpräsident« auf. Gelegentlich schaffte er es dennoch, für unerwünschten Wirbel zu sorgen, so mit der Veröffentlichung seiner Memoiren in den USA. Die Chruschtschow-Biographie des sowjetischen Historikers Roy Medwedjew erschien ebenfalls im westlichen Ausland und würdigte zum ersten Mal seine Verdienste, ohne seine Schwächen zu verschweigen.

Erst mit dem Amtsantritt Michail Gorbatschows als Generalsekretär der KPdSU im Jahr 1985 besann man sich wieder auf Chruschtschow. Bald galten dessen Reformen als Vorläufer von *Glasnost* und *Perestroika*, so der Tenor mehrerer Beiträge eines 1989 in Moskau veröffentlichten Sammelbandes, der unter dem Titel *Nikita Sergejewitsch Chruschtschow. Skizzen zur Biographie* ein Jahr später auch in Deutschland erschien. Der Literaturkritiker Juri Burtin schrieb darin, wenn die nach Stalins Tod eingeleitete Entwicklung auch sehr widersprüchlich gewesen sei, so zielte sie doch »in dieselbe Richtung wie unsere heutige Umgestaltung«. Sergeij Pawlow, von 1959 bis 1968 Erster Sekretär des Zentralkomitees des Komsomol, meinte, »wir haben es in erster Linie den Ereignissen der fünfziger Jahre und ganz besonders dem XX. Parteitag der KPdSU zu verdanken, daß die jetzige Umgestaltung möglich wurde«. Der Lyriker Andrej Wosnessenski bewies große Weitsicht mit seinem Hinweis, man müsse nüchtern analysieren, »warum der erste Versuch der Perestroika gescheitert ist, nur dann kann die heutige Perestroika erfolgreich sein; weil es eine dritte, wie jeder weiß, nicht geben wird«. Nach dem Zerfall der Sowjetunion wurde es wieder still um Chruschtschow. Im Mittelpunkt der leidenschaftlich und kontrovers geführten Auseinandersetzungen mit der Vergangenheit stehen andere Personen und Ereignisse – insbesondere Stalin und dessen Terrorherrschaft.

Chruschtschow und Kennedy begriffen in ihrer Regierungszeit immer besser, daß es in den internationalen Beziehungen des Atomzeitalters keine vernünftige Alternative zur friedlichen Koexistenz gibt. Für Chruschtschow, der den Zusammenbruch der westlichen Welt nahen sah, handelte es sich dabei um eine historische Phase mit absehbarem Ende. Der Gedanke, daß die Gesellschaftsordnung der Sowjetunion nur drei Jahrzehnte später scheitern könnte, lag für ihn außerhalb aller Vorstellungen. Im Unterschied dazu war Kennedy mit seinem Urteil über die nähere und fernere Zukunft etwas vorsichtiger. Aber auch er dürfte trotz seiner Ablehnung des sowjetischen Modells mit *diesem* Ende des Kalten Krieges, mit *diesem* Sieg des Westens und *dieser* Niederlage des Ostens kaum gerechnet haben. Er konnte allerdings auch nicht wissen, daß die von ihm eingeleiteten Reformen von Lyndon B. Johnson in dessen Präsidentschaft nicht nur durchgesetzt, sondern mit dem Programm der »Great Society«, mit Bürgerrechtsgesetzen und dem Krieg gegen die Armut (*War on Poverty*) noch beträchtlich erweitert, von späteren Nachfolgern im Weißen Haus dann aber schrittweise wieder rückgängig gemacht werden sollten.

Der amerikanische Politikwissenschaftler Thomas E. Cronin meint, die eigentliche Größe John F. Kennedys müsse weniger in dem gesehen werden, was er erreichte, als vielmehr in dem, was er *beabsichtigte* und *begann*. In seiner Präsidentschaft seien, über das Persönliche hinaus, generelle Stärken und Schwächen des amerikanischen Volkes sichtbar geworden: »Mut und Vorsicht, Licht und Dunkelheit, Selbstvertrauen und Selbstzweifel, Mitleid und Selbstsucht, Integrität und gelegentlich Flucht vor der Realität. Er war, was wir sein wollen und was wir fürchten, manchmal zu sein. Er war das Produkt seiner Zeit, und er veränderte sie. Er gab uns Mut zu glauben, daß wir etwas verändern können.«

Aus dem Ost-West-Konflikt gingen die USA und damit der Westen als Sieger hervor. Der Traum Chruschtschows und vieler anderer blieb ein solcher. Der Versuch scheiterte, in der Sowjetunion sowie in einigen Ländern Mittel- und Südosteuropas eine Alternative zum Kapitalismus und eine sozial gerechtere Gesellschaft aufzubauen. Was niemand für möglich gehalten hatte, geschah: Die UdSSR zerfiel. Damit löste sich ein Staatsverband auf, der in wesentlichen Teilen seit Peter dem Großen existiert hatte, wenn auch zeitweise überwiegend unter Druck und mit Gewalt zusammengehalten.

Der amerikanische Traum blieb ebenfalls ein solcher. Kennedys Nachfolger Johnson führte die Vorhaben Kennedys zwar weiter, doch die zweite Hälfte der siebziger Jahre brachte einen Rückschlag. Diejenigen, die nichts von ihrem Reichtum und ihren Privilegien preisgeben wollten, waren mächtiger als die Reformer. Acht Jahre Präsidentschaft Ronald Reagans, vier Jahre Präsidentschaft George Bushs und eine »konservative Revolution« ließen nicht viel übrig von den Ideen der sechziger Jahre. Selbst der als Nachfolger Kennedys gehandelte demokratische Präsident Bill Clinton verkündete offiziell das Ende des *welfare state*. Die Zahl der unter der Armutsgrenze Lebenden, die sich zwischenzeitlich beträchtlich verringert hatte, nimmt wieder zu. Die Kluft zwischen Reich und Arm wird immer breiter, die sozialen Probleme größer, obwohl sich die amerikanische Wirtschaft gut entwickelt und vor Kraft strotzt. Thomas L. Friedman, Kolumnist der *New York Times*, schrieb angesichts dieser widersprüchlichen Situation: »Wenn ich etwas bei meinen Reisen um die Welt gelernt habe, dann ist es dies: Niemals einem Land zu trauen, in dem die Reichen hinter hohen Mauern und verdunkelten Fenstern leben. Das ist ein Ort, der nicht als *ein* Land gedeiht, wo die Reichen nicht nur sagen: ›Ich möchte nicht, daß ihr seht, wie wir leben‹, sondern: ›Ich möchte nicht sehen, wie ihr lebt.‹«

In einer der letzten Nächte, die Jacqueline Kennedy im Weißen Haus verbrachte, schrieb sie einen sehr persönlichen Brief an Chruschtschow, in dem es hieß, sie schicke dieses Schreiben, »weil ich weiß, wie wichtig der Friede für meinen Mann war und wie sehr ihm die Freundschaft mit Ihnen am Herzen lag. (...) Sie und er waren Gegner, die jedoch die Überzeugung verband, daß man die Welt nicht in die Luft sprengen darf. Sie respektierten einander und kamen miteinander aus.«

Zeittafel

17. April 1894	Nikita Sergejewitsch Chruschtschow wird als Sohn eines Land- und späteren Grubenarbeiters in Kalinowka, Provinz Kursk, geboren.
1909	Die Familie Chruschtschow zieht nach Jusowka (später Stalino bzw. Donezk) im ukrainischen Donezbecken; Nikita Chruschtschow lernt dort Maschinenschlosser und Monteur; er arbeitet in verschiedenen Fabriken und im Bergbau.
29. Mai 1917	John Fitzgerald Kennedy (JFK) wird im Bostoner Vorort Brookline, Massachusetts, geboren.
25. Oktober 1917	In Rußland findet die Oktoberrevolution statt. (Nach dem neuen Kalender 7. November.)
1918	Chruschtschow tritt der Sozialdemokratischen Arbeiterpartei Rußlands (Bolschewiki)* bei.
1919–1920	Chruschtschow nimmt als Soldat der Roten Armee am Bürgerkrieg teil.
1921	Als Folge einer Hungersnot stirbt Chruschtschows erste Frau Galina.
1922	Chruschtschow kehrt nach Jusowka zurück, wird stellvertretender Leiter einer Grube und an eine Arbeiterfakultät delegiert.
1924	Chruschtschow und Nina Petrowna heiraten.

* *Die genauen Bezeichnungen der Partei lauteten* 1917/18: *Sozialdemokratische Arbeiterpartei Rußlands (Bolschewiki) – SDAPR (B);* 1918–1925: *Kommunistische Partei Rußlands (Bolschewiki) – KPR (B);* 1925–1952: *Kommunistische Partei der Sowjetunion (Bolschewiki) – KPdSU (B); seit* 1952: *Kommunistische Partei der Sowjettunion – KPdSU*

18.–31. Dezember 1925	Der hauptamtliche Parteifunktionär Chruschtschow nimmt als beratender Delegierter am XIV. Parteitag der KPdSU (B) in Moskau teil und kommt dabei erstmals mit Stalin zusammen.
2.–19. Dezember 1927	Chruschtschow nimmt als stimmberechtigter Delegierter am XV. Parteitag der KPdSU (B) teil; in allen Fragen unterstützt er Stalin. Bis zum XXII. Parteitag im Oktober 1961 ist Chruschtschow Delegierter auf allen Parteitagen.
1928/1929	Beginn der forcierten Industrialisierung und der Zwangskollektivierung in der Sowjetunion.
1929–1930	Chruschtschow studiert an der Industrieakademie in Moskau.
1931	Chruschtschow wird Erster Sekretär der KPdSU (B) im Moskauer Baumann-Bezirk.
1932	Chruschtschow wird Zweiter Sekretär des Stadtparteikomitees von Moskau.
26. Januar – 10. Februar 1934	Der XVII. Parteitag der KPdSU (B) wählt Chruschtschow zum Mitglied des Zentralkomitees; die Opposition gegen Stalin ist faktisch ausgeschaltet.
1935–1938	Die Jahre des »Großen Terrors« in der Sowjetunion; Chruschtschow genießt das volle Vertrauen Stalins und unterstützt ihn bedingungslos.
1935	Chruschtschow wird Erster Sekretär des Stadt- und des Gebietsparteikomitees von Moskau.
Oktober/Dezember 1935	JFK bricht das Studium an der Londoner School of Economics bzw. an der Princeton University wegen Krankheit ab.
1938	Chruschtschow wird Erster Sekretär des Zentralkomitees der KP der Ukraine und Kandidat des Politbüros der KPdSU (B).
10. – 21. März 1939	Der XVIII. Parteitag der KPdSU (B) wählt Chruschtschow zum Mitglied des Politbüros.
September 1939	Ausbruch des Zweiten Weltkrieges in Europa.
Juni 1940	JFK schließt sein Studium der Politikwissenschaft an der Harvard University ab.
August 1940	Die Examensarbeit von JFK wird unter dem Titel *Why England Slept* veröffentlicht.
22. Juni 1941	Deutschland und seine europäischen Verbündeten überfallen die Sowjetunion; in der Folgezeit bildet sich die Antihitlerkoalition.
1941–1943	Chruschtschow gehört als Vertreter des Politbüros der KPdSU (B) den Militärräten verschiedener Fronten an, zuletzt im Rang eines Generalleutnants.

7. Dezember 1941	Japan greift die amerikanische Pazifikflotte in Pearl Harbor an, die USA treten in den Zweiten Weltkrieg ein.
2. August 1943	Das von JFK befehligte Boot PT 109 wird von einem japanischen Zerstörer versenkt.
1944–1949	Nach seinem Ausscheiden aus dem Militärdienst arbeitet Chruschtschow wieder – mit kurzer Unterbrechung – als Erster Sekretär der KP der Ukraine und außerdem als Ministerpräsident.
8. Mai 1945	Nazideutschland kapituliert, der Krieg in Europa ist damit beendet.
Juli 1945	JFK berichtet als Korrespondent der *Hearst*-Presse über die Gründungskonferenz der Vereinten Nationen in San Francisco und die Wahlen in Großbritannien.
2. September 1945	Vertreter Japans unterzeichnen die Kapitulationsurkunde; damit ist der Zweite Weltkrieg beendet.
5. November 1946	JFK wird als Abgeordneter in den Kongreß der USA gewählt.
2. November 1948	JFK wird zum zweiten Mal als Kongreß-Abgeordneter gewählt.
1949	Stalin ruft Chruschtschow nach Moskau zurück und macht ihn wieder zum Ersten Sekretär des Stadt- und des Gebietsparteikomitees der Hauptstadt.
7. November 1950	JFK wird zum dritten Mal in das Abgeordnetenhaus gewählt.
4. November 1952	JFK wird in den US-Senat gewählt.
5. März 1953	Stalin stirbt; Malenkow wird Ministerpräsident und erster Mann im Parteipräsidium; Chruschtschow gehört der neuen »kollektiven Führung« an.
12. September 1953	JFK und Jacqueline Lee Bouvier heiraten.
September 1953	Das Plenum des Zentralkomitees der KPdSU wählt Chruschtschow zum Ersten Sekretär.
Januar 1956	*Profiles in Courage* (dt. *Zivilcourage*) erscheint; dafür erhält JFK 1957 den »Pulitzer Prize for Biography«.
14. – 25. Februar 1956	Auf dem XX. Parteitag der KPdSU gibt Chruschtschow den Bericht des Zentralkomitees, hält in einer internen Sitzung seine Rede über den Personenkult und verurteilt diesen.
Oktober 1957	Die Sowjetunion startet den »Sputnik«, der in den USA einen »Sputnik-Schock« auslöst.
März 1958	Chruschtschow übernimmt auch das Amt des Ministerpräsidenten.
5. November 1958	JFK wird zum zweiten Mal in den Senat der USA gewählt.

September 1959	Auf Einladung von Präsident Eisenhower besucht Chruschtschow die USA; dabei treffen sich Chruschtschow und Kennedy zum ersten Mal.
13. Juli 1960	Die Demokratische Partei (Democratic National Convention, Los Angeles) nominiert JFK zum Präsidentschaftskandidaten.
8. November 1960	JFK wird zum Präsidenten der USA gewählt.
20. Januar 1961	JFK wird als 35. Präsident der USA vereidigt und tritt sein Amt an; er hält seine berühmte Inauguralrede.
12. April 1961	Der sowjetische Kosmonaut Juri Gagarin umkreist im Raumschiff »Wostok« als erster Mensch die Erde.
17. April 1961	Exilkubaner landen unter amerikanischem Kommando auf Kuba; die Invasion in der Schweinebucht scheitert nach wenigen Tagen.
5. Mai 1961	Alan Shepard fliegt als erster amerikanischer Astronaut in das All.
3./4. Juni 1961	Kennedy und Chruschtschow treffen sich zu Gesprächen in Wien.
13. August 1961	Beginn des Baus der Berliner Mauer.
17.–31. Oktober 1961	Auf dem XXII. Parteitag der KPdSU gibt Chruschtschow den Bericht des Zentralkomitees und hält eine Rede über das neue Parteiprogramm.
20. Februar 1962	Der amerikanische Astronaut John Glenn umkreist die Erde.
11. April 1962	JFK attackiert führende Konzerne der amerikanischen Stahlindustrie wegen ungerechtfertigter Preiserhöhungen.
Oktober 1962	Im Verlauf der Kubakrise droht der Menschheit die Katastrophe eines Atomkrieges, die von Chruschtschow und Kennedy durch einen Kompromiß in letzter Stunde verhindert wird.
10. Juni 1963	In einer Rede an der American University plädiert JFK für ein internationales Abkommen, das atomare Tests verbieten soll, und spricht sich dafür aus, den Frieden in der Welt sicherer zu machen.
11. Juni 1963	JFK hält eine Radio- und Fernsehansprache zur Frage der Bürgerrechte in den USA.
19. Juni 1963	JFK übermittelt dem Kongreß die Vorlage eines Bürgerrechtsgesetzes, eine »Special Message on Civil Rights and Job Opportunities«.
23. Juni 1963	JFK trifft zu einem mehrtägigen Besuch der Bundesrepublik Deutschland in Bonn ein; am 26. Juni hält er in West-Berlin seine »Ich bin ein Berliner«-Rede.

25. Juli 1963	Vertreter der Sowjetunion, der USA und Großbritanniens paraphieren in Moskau den Vertrag über das Verbot atomarer Versuche in der Atmosphäre, im Weltraum und unter Wasser. Die feierliche Unterzeichnung erfolgt am 5. August; bis zum 11. September schließen sich weitere 77 Staaten dem Abkommen an, das am 10. November in Kraft tritt.
28. August 1963	Vor dem Lincoln Memorial in Washington demonstrieren etwa 230 000 Menschen für Arbeit und Freiheit; Martin Luther King hält seine legendäre »I have a dream«-Rede.
30. August 1963	Die sogenannte »hot line« wird als direkte Kommunikation zwischen Washington und Moskau eingerichtet.
22. November 1963	JFK wird im texanischen Dallas erschossen; der Mord bleibt bis heute nicht aufgeklärt. Lyndon B. Johnson legt seinen Eid als 36. Präsident der USA ab.
25. November 1963	In Washington findet die Trauerfeier zur Beisetzung Kennedys auf dem Arlington National Cemetery statt.
14. Oktober 1964	Das Zentralkomitee der KPdSU enthebt Chruschtschow aller seiner Ämter; Nachfolger werden Leonid Breschnew als Erster Sekretär und Alexej Kossygin als Ministerpräsident.
11. September 1971	Chruschtschow stirbt; an seiner Beisetzung am 13. September auf dem Friedhof des Moskauer Nowodjewitschij-Klosters nimmt kein Vertreter der sowjetischen Führung teil.

Anmerkungen

Vorwort

S. 9: »Sie und er ...«: Beschloss, S. 677; »Treibhaus der kommunistischen Elite«: Edward Crankshaw in seinem Kommentar zu den Memoiren Cruschtschows, in: *Chruschtschow erinnert sich*, S. 55;

S. 11: »die selbstgefälligen Platitüden ...«: Schlesinger, *Die tausend Tage Kennedys*, S. 281 (Der zitierte Satz bezieht sich auf Kennedy, gilt mit Einschränkungen aber auch für Chruschtschow).

1. Von Hütten und Palästen – der Hirtenjunge und das Königskind

S. 13: »Ich begann zu ...«: Leonhard, S. 27; »Spiele nur, wenn ...« und »Der zweite Platz ...«: Burner, S. 10;

S. 18: »Freiheit, die das ...«: ebenda, S. 5.

2. Erfolgsgeschichte und Geschichte des Erfolges – Wege zur Macht

S. 23: »Wir waren damals ...«: *Prawda*, 22. 9. 1959, zit. nach: Medwedjew, S. 21; »Die ›magische Kraft‹ ...«: Schlesinger, *Die tausend Tage Kennedys*, S. 478;

S. 25: »eine fundamentale Veränderung ...«: Hildermeier, S. 17;

S. 27: »ein neuer Staat ...«: ebenda;

S. 28: »Unsere Einheit stand ...«: *Prawda*, 22. 9. 1959, zit. nach: Medwedjew, S. 21; »Ihr Tod war ...«: *Chruschtschow erinnert sich*, S. 38;

S. 29: »Doch die meisten ...«: ebenda, S. 39;

S. 30: »Industrialisierung durch Gewalt ...«: Hobsbawm, S. 475;

»die stalinsche Methode ...«: *Chruschtschow erinnert sich*, S. 82; »Die Geschichte des ...«: Stalin, *Werke*, Bd. 13, S. 35f.;

S. 32: »Der Große Terror«: Titel eines Buches von Robert Conquest; »Hochburg der Stalinisten«: *Chruschtschow erinnert sich*, S. 55 (Kommentar Crankshaws);

S. 33: *Stadt- und Gebietskomitee der KPdSU (B) von Moskau:* Außer Moskau gehörten damals dazu die Gebiete Kalinin, Tula, Rjasan und Kaluga; »Manchmal sitzt einer ...«: *Rabotschaja Moskwa*, 17. 3. 1937, zit. nach: Medwedjew, S. 37;

S. 35: »Mythos vom Helden des PT-109«: siehe: Donovan;

S. 43: »Mit dem, was ...«: von Borch, S. 40;

S. 46: »seiner erstaunlichen Wandlung ...«: *Chruschtschow erinnert sich*, S. 18f. (Einführung von Crankshaw); »daß Nadjas Berichte ...«: ebenda, S. 62;

S. 47: »Blicken wir auf ...«: ebenda, S. 29; »auf Stalins Tod ...«: ebenda, S. 292;

S. 48: »Es gibt wenige ...«: zit. nach: von Borch, S. 27f.;

S. 50: »Wir werden Jack ...«: Burner, S. 26; »Joe dachte an ...«: ebenda, S. 48;

S. 52: *Eleanor Roosevelt über den McCarthyism*: ebenda, S. 30 und Eleanor Roosevelt, S. 356;

S. 53: Verteilung des Privatvermögens: Miller/Nowak, in: Griffith (ed.), S. 226 – weitere Zahlen zur Vermögensverteilung: ebenda, S. 221;

S. 54: »saubere Straßen, in ...«: Griffith (ed), S. 199;

S. 57: »das unwichtigste Amt ...«: zit. nach: Joesten, S. 58; »Mr. Nixon hat ...« und »Senator, Sie wollen ...«: Adler, S. 21f., 40;

S. 58: »Wie Tonbandaufnahmen des ...«: Reeves, S. 227, 587f.; »Lieber Jack, nicht ...«: Adler, S. 117.

3. Amerikanischer Traum und kommunistische Verheißung – gesellschaftliche Ziele

S. 59: »Wir müssen endlich ...«: *Chruschtschow erinnert sich*, S. 486; »Wenn wir mit ...«: Sorensen (ed.), *Let the Word Go Forth*, S. 183;

S. 61: »nichts anderes als ...«: *Chruschtschow. Skizzen zur Biographie*, S. 204f.;

S. 62: *Parteipräsidium*: Der XIX. Parteitag (Oktober 1952) beschloß, das Politbüro in ›Präsidium des Zentralkomitees‹ umzubenennen; »halten es in dieser ...«: Kölm, S. 77;

S. 63: »Wir erachten es ...« und »Sie müssen wissen ...«: ebenda, S. 78; »die bestehende Situation ...«: ebenda, S. 77; »›new deal‹-consensus ... «: Breslauer, S. 63;

S. 65: »die dumpfe Angst ...«: Lewada / Schejnis, in: *Chruschtschow. Skizzen zur Biographie*, S. 206;

S. 66: *Antrittsrede Kennedys*, in: Kennedy: *Public Papers*, vol. 1961, S. 1 ff.; »die amerikanische Botschaft ...«: *New York Times*, 21. 1. 1961, zit. nach: Reeves, S. 314;

S. 67: »Die ›magische Kraft‹ ...«: Schlesinger, *Die tausend Tage Kennedys*, S. 478;

S. 68: »Wir sind hier ...«: ebenda, S. 384; *Kennedys Sonderbotschaft an den Kongreß vom* 22. 3. 1961, in: Kennedy: *Public Papers*, vol. 1961, S. 203 ff.; »an unserem Fortschritt ...«: ebenda, S. 548 f.; »keinen Endkampf zwischen ...«: Schlesinger, *Die tausend Tage Kennedys*, S. 282; *Wiener Treffen Kennedy – Chruschtschow*: Aus der Fülle der Literatur siehe vor allem: Beschloss, S. 193 ff.;

S. 69: »in seine Richtung ...«: Kennedy: *Public Papers*, vol. 1961, S. 441 ff.; »Niemand, der sich ...«: ebenda, vol. 1962, S. 263 ff.; *Kennedys Rede an der American University am* 10. 6. 1963, in: ebenda, vol. 1963, S. 459 ff.;

S. 70/71: *Die Zitate aus dem Rechenschaftsbericht des ZK an den XX. Parteitag und aus der Entschließung*, in: Chruschtschow, *XX. Parteitag*, S. 40, 157 f., 175;

S. 71: *Die Zitate aus Chruschtschows Geheimrede*, in: *Chruschtschow erinnert sich*, S. 490, 493 f. (Der Text entspricht der am 4. 6. 1956 vom State Department veröffentlichten Fassung); »ein ungeheures Risiko ...«: Wosnessenski, in: *Chruschtschow. Skizzen zur Biographie*, S. 159;

S. 73: *Ungarn* 1956: Chruschtschow und die sowjetische Führung entschlossen sich erst nach dem militärischen Vorgehen Großbritanniens, Frankreichs und Israels gegen Ägypten, sowjetische Truppen zur Niederwerfung der Aufständischen in Ungarn einzusetzen, vgl. dazu: *Neue Kreml-Protokolle zum Budapester Aufstand* 1956*: »Dumm und schwach«*, in: *Der Spiegel*, Nr. 42 vom 14. 10. 1996, S. 194 ff.; »Es war nicht ...«: Adshubej, *Gestürzte Hoffnung*, S. 212;

S. 74: *Schätzungen des U.S. Bureau of Labor Statistics*:

Baran / Sweezy, in: Ginsburg (ed.), S. 167; »Vehikel für den ...« und »Fackelträger des sozialen ...«: Ginsburg (ed.), S. 129 f.; »Die schwarze Armut ...«: ebenda, S. 136;

S. 75: *Zu den Armutszahlen* vgl.: Schlesinger, *Die tausend Tage Kennedys*, S. 846; »Historiker des 21. ...«: ebenda, S. 805;

S. 76: *Commission on Income Maintenance Programs*: Ginsburg, S. 194 ff., Zitat: S. 194;

S. 77: »In der Idee ...«: Chruschtschow, *Sozialismus und Kommunismus*, S. 149; »eine schicksalhafte Unvermeidbarkeit ...«: Chruschtschow, *XX. Parteitag*, S. 43;

S. 78: »In unserer Zeit ...«: Chruschtschow, *XXII. Parteitag*, S. 274; »wie der Zustand ...«: Chruschtschow, *Für den Sieg der Vernunft*, S. 307; »Eine rapide und ...« und »immer mehr zum ...«: Chruschtschow, *XXII. Parteitag*, S. 174, 177;

S. 78: »Stadt der gelben ...«: *Chruschtschow erinnert sich*, S. 475;

S. 79: »Aber was für ...«: ebenda; »Die Bourgeoisie verknüpft ...«: Chruschtschow, *XXII. Parteitag*, S. 255; »Ich habe es gern ...«, »Sie wissen sicherlich ...«, »Ein Wort ist ...«, »Nicht umsonst sagt ...« und »Möge der Kapitalismus ...«: Leonhard, S. 101, 159, 149, 99; »keine Staatsbürgerschaft zweiter ...«: Sorensen (ed.), *»Let the Word Go Forth«*, S. 183;

S. 80: *Congressional Quarterly*: Reeves, S. 287; »The Best and the Brightest«: Titel einer Kennedy-Biographie von David Halberstam; »angespannt, kontrolliert, dynamisch ...«: Reeves, S. 300 f.; *Zu Dean Rusk* siehe dessen Memoiren: *As I Saw It*;

S. 81: »ich werde wohl ...«: Bradlee, S. 38, Reeves, S. 303; »den gefährlichsten Mann ...«: Beschloss S. 60; »Manche von uns ...«: Adler, S. 63; »wie in Noahs ...«: Reeves, S. 306;

S. 82: »Kennedys Frauensicht verbot ...«: ebenda, S. 304;

S. 83: »Wißt Ihr, sie ...«: Reeves, S. 451;

S. 84: *Kennedys Radio- und Fernsehrede vom* 11. 6. 1963: Kennedy, *Public Papers*, vol. 1963, S. 468 ff.; *Kennedys Vorlage eines Bürgerrechtsgesetzes vom* 19. 6. 1963: ebenda, S. 483 ff.;

S. 85: »Verbreitete Armut und ...«: Schlesinger, *Die tausend Tage Kennedys*, S. 108; »Der Beweis für ...«: Franklin D. Roosevelt, S. 91;

S. 86: *Die Zitate aus dem Rechenschaftsbericht des ZK an den XXII. Parteitag und aus der Rede Chruschtschows über das neue Parteiprogramm*: Chruschtschow, *XXII. Parteitag*, S. 122, 306, 166f., 185f.;

S. 87: »Du bist armselig ...«: Nekrassow, S. 259; Lenin-Zitat: Lenin, *Werke*, Bd. 27, S. 148; »die alte Welt ...« und »Unser Ideal ist ...«: Chruschtschow, *Für den Sieg der Vernunft*, S. 176, 189;

S. 88: »Ich aber wende ...«: Jewtuschenko, S. 157f., Medwedjew, S. 257; »In ihren Zeitungen ...«: Medwedjew, S. 254;

S. 89: *Gespräch Suslow – Grosman*: Adshubej, *Gestürzte Hoffnung*, S. 246; »Der eine erkannte ...«: ebenda, S. 248;

S. 90: »Sie sind ein ... «: Medwedjew, S. 290.

4. Big business und Großer Plan – wirtschaftliche Reformen

S. 91: »Der Rabenschwarm krächzt ...«: Leonhard, S. 70; »Wenn eine freie Gesellschaft ...«: Kennedy, *Public Papers*, vol. 1961, S. 1ff.;

S. 96: »Die fortschrittlichen Menschen ...«: Leonhard, S. 69; *Zu den Wachstumsraten des Bruttosozialprodukts und der industriellen Produktion in der Sowjetunion*: Ofer, in: Dallin (ed.), S. 296ff.; *Vergleich des Umfangs der sowjetischen und der amerikanischen Wirtschaftskraft*: in: ebenda, S. 299;

S. 98: »›sein Land in ...«: Filtzer: S. 15, Zitat im Zitat: Frankland, S. 209 (»er übergab sein Land in einem besseren Zustand als dem, in dem er es vorgefunden hatte, sowohl in den Augen der Mehrheit seines eigenen Volkes als auch der Welt«); »zwar kein ›Wirtschaftswunder‹ ... «: Hildermeier, S. 802; *Wichtige Wirtschaftsindikatoren*: Es handelt sich um Schätzungen Ofers, basierend auf sowjetischen Materialien sowie auf Forschungen amerikanischer Soviet Studies-Zentren und der CIA: Dallin (ed.), S. 296ff.;

S. 99: *Geschäftsleute sind Hurensöhne und die Folgen dieser Äußerung*: Heath, S. 71f.; *Business Week*: ebenda, S. 69f.;

S. 100: *Kolumnist eines Finanzjournals über Kennedy und Goldwater*: ebenda, S. 125; *Kennedys Rede an der Yale University*: Kennedy, *Public Papers*, vol. 1962, S. 470ff.;

S. 101: *Führende Vertreter der Wirtschaft gegen die Erhöhung des Mindeststundenlohns*: Heath, S. 29; *Schlesinger und Thurmond über* welfare state *und Sozialismus*: ebenda, S. 7; *Die Kosten der forcierten Aufrüstung unter Kennedy*:

Sorensen, S. 581; *Amerikanischer Militärhaushalt* 1969: Kleinsteuber, S. 155;

S. 102: *Wachstum des Bruttosozialprodukts in den Jahren der Kennedy-Administration*: Miroff, in: Reeves (ed.), S. 99; »noch keine politische ...«: Kleinsteuber, S. 142 f.;

S. 103: »Der Defekt im ...«: Schattschneider, S. 35; »das Element des ...«: von Borch, S. 148; »stabile Rahmenbedingungen für ...«: Reeves, S. 442; »seine Politik darauf ...«: Schlesinger, *Die tausend Tage Kennedys*, S. 576;

S. 104: »dem Geschäftsethos fernstand ...«: ebenda;

S. 105: »einer Art Energieausstoß ...« und »der seinen eigenen ...«: Adshubej, *Gestürzte Hoffnung*, S. 141;

S. 106: »Arbeiter-Revolutionär ...«: Chruschtschow, *Skizzen zur Biographie*, S. 227; »zu agitieren, zu ...«: Nachwort von Popow zu: Adshubej, *Gestürzte Hoffnung*, S. 396;

S. 107: »eigener ›kleiner Personenkult‹«: Arbatow, S. 125; »den Stalinisten in ...«: Wosnessenski, in: *Chruschtschow, Skizzen zur Biographie*, S. 165;

S. 108: »Schaut auf diese ...«: Leonhard, S. 157; »irgendwo in der ...«: Adshubej, *Jene zehn Jahre*, in: *Chruschtschow, Skizzen zur Biographie*, S. 395; »die Grenzen der ...«: *Chruschtschow erinnert sich*, S. 24;

S. 109: »dem Leben nahe ...«: Adshubej, *Gestürzte Hoffnung*, S. 141; »Die Ideen von ...«: Romm, in: *Chruschtschow, Skizzen zur Biographie*, S. 167; »ein leerer Wahn ...«: *Das Manifest der ›Enragés‹*, 25. 6. 1793, in: Markow, Bd. 2, S. 450, Klenner, S. 586; »in Brüderlichkeitsphrasen eingewickelte ...« und »ein Stück festgeschriebene ...«: Klenner, S. 588; »worin die freie ...«: Marx/Engels, Bd. 1, S. 43.

5. Zwischen Krieg und Frieden – Zeiten der Krise

S. 111: »Obgleich ich Nichtraucher ...«: Leonhard, S. 94; »Ich spreche von ...«: Kennedy, *Public Papers*, vol. 1963, S. 459 ff.;

S. 113: »der Millionen von ...«: Junker, S. 80;

S. 114: »schicksalhafte Unvermeidbarkeit der ...«: Chruschtschow, *XX. Parteitag*, S. 43; »Chruschtschows persönliche Popularität ...«: Medwedjew, S. 207 f.;

S. 115: »Wir sollten wirklich ...«: *Chruschtschow erinnert sich*, S. 482; »Ich habe schon ...«, »Lieber Jack, wenn ...«, »wie ein roter Faden ...« und »Ich glaube das ...«: Beschloss, S. 25 f.;

S. 116: »Warum darf dieser ...«: Neumann-Hoditz, S. 103;
S. 118: »Einigung durch Erschöpfung«: Schlesinger, *Die tausend Tage Kennedys*, S. 196; »schon längst an ...«: Beschloss, S. 70;
S. 119: »das Universalgenie für ...« und »eine Spielernatur, ein ...«: ebenda, S. 167;
S. 119: »beinahe theatralisch wirkenden ...«: ebenda, S. 237;
S. 121: »weit barbarischer benommen ...«, »schien fast wie ...«, »Chruschtschow hat den ...« und »betroffen und verängstigt ...«: ebenda, S. 231, 238;
S. 122: »Ich verstehe nicht ...«: Catudal, S. 201; »illegal, unmoralisch und ...« und »beendete West-Berlins Dasein ...«: Sorensen, S. 563f.;
S. 123: »das mächtigste Militärpotential ...«: ebenda, S. 581; »Das Verteidigungsbudget, das ...«: ebenda, S. 574; *Grundlinien einer neuen Militärdoktrin: Kennedys Sonderbotschaft an den Kongreß vom* 28. 3. 1961: Kennedy, *Public Papers*, vol. 1961, S. 229ff.; »Wir besitzen ein ...«: Beschloss, S. 326; »Meinen Sie nicht ...« und »Also überlassen Sie ...«: Sacharow, S. 248ff.;
S. 124: »Bis zu einer ...«: Falin, S. 346;
S. 126: *Die Darstellung der Kubakrise ist die überarbeitete und erweiterte Fassung eines Aufsatzes, den der Autor* 1990 *veröffentlicht hat*, in: Robbe / Senghaas (Hrsg.), S. 91ff.;
S. 127: *Zum Kräfteverhältnis USA-UdSSR bei Atomsprengköpfen, Langstreckenbombern und Interkontinentalraketen*: Greiner, S. 22;
S. 128: *Pläne zur Ermordung Castros*: *Alleged Assassination Plots* (1975), in: Griffith (ed.), S. 247ff.; *Operation ›Mongoose‹*: Greiner, S. 20; »Geheimübung in Terrorismus ...«: Reeves, S. 549;
S. 129: *Tonbandtranskripte der zwei Beratungen des ExComm. am* 16. 10. 1962: Greiner, S. 242ff., 259ff.;
S. 130: Schreiben Stevensons an Kennedy, 17. 10. 1962: ebenda, S. 287f.;
S. 131: »Von Dialog (konnte) ...«: ebenda, S. 68; »ein Austausch von ...«: ebenda, S. 84; *Radio- und Fernsehrede Kennedys*, 22. 10. 1962: Kennedy, *Public Papers*, vol. 1962, S. 485ff., Beschloss, S. 463ff.; »provokative und ungerechtfertigte ...«: ebenda, S. 464;
S. 132: »ernsthafte Bedrohung des ...«: ebenda, S. 468f.; *Faksimile des Schreibens von Chruschtschow*: Greiner, S. 101;

»Akt der Piraterie«: Beschloss. S. 470; *Zahl der Raketen und der atomaren Sprengköpfe, die nach Kuba gebracht wurden*: ebenda, S. 482, Garthoff, *Some Observations*, S. 249 ff.; »der Lage etwas ...« und »Wir versuchten, unsere ...«: *Chruschtschow erinnert sich*, S. 463 f.; *Schreiben Chruschtschows an Kennedy*, 26. 10. 1962: *Greiner*, S. 319 ff., *Larson* (ed.), S. 175 ff.;

S. 133: *Schreiben Chruschtschows an Kennedy*, 27. 10. 1962: Greiner, S. 326 ff., Larson (ed.), S. 183 ff.;

S. 134: »Ihnen ist aber ...« und »Wir müssen unsere ...«: Beschloss, S. 512 f.; *Tonbandtranskripte der Sitzungen des Ex-Comm.* am 27. 10. 1962: Greiner, S. 345 ff., 383 ff.; »falls es bis ...«: Beschloss, S. 516; *Antwort Kennedys an Chruschtschow*, 27. 10. 1962: Greiner, S. 381 f., Larson (ed.), S. 187 f.; »Ich habe keine ...«: Robert Kennedy, S. 90;

S. 135: *Gespräch Robert Kennedy – Dobrynin*, 27. 10. 1962: ebenda, S. 99 ff.; *Schreiben Chruschtschows an Kennedy*, 28. 10. 1962: Larson (ed.), S. 189 ff.; *Malinowski gegen den Abzug der Raketen aus Kuba*: Garthoff, *Reflections*, S. 47 f.; *Adenauer für Bombardierung und Invasion Kubas:* Bittorf, S. 203;

S. 136: »Jeder Narr kann ...«: *Chruschtschow erinnert sich*, S. 460;

S. 140: »Wir sind hereingelegt ...«, »Das ist die ...« und »völlig schockiert ...«: Garthoff, *Reflections*, S. 58 f., Beschloss, S. 532; »daß wir eine ...« und »Die Militärs sind ...«: Schlesinger, *Robert Kennedy and his Times*, S. 524 f., Beschloss, S. 532;

S. 141: »Ich denke, wir ...«: Greiner, S. 171;

S. 142: *Antikubanisches Sabotageprogram der CIA vom Sommer* 1963 *und Pläne zur Ermordung Castros*: Garthoff, *Reflections*, S. 91 – im Jahr 1975 (nach Watergate) untersuchte das Senate Select Committee unter dem Vorsitz von Senator Frank Church (Idaho) die Pläne und Versuche der CIA, Castro und andere ausländische Politiker zu ermorden. Der abschließende Bericht ist auszugsweise veröffentlicht in: Griffith (ed.), S. 237, 247 ff.; »the CIA's comic ...«: Brown, S. 75; *CIA und Mafia planten, Patrice Lumumba zu ermorden*: Mollin, S. 442 ff.;

S. 143: *Kennedy am* 29. 12. 1962 *vor Kubanern, die von Castro freigelassen worden waren*: Kennedy, *Public Papers*, vol. 1962, S. 911 ff.; *Castro in Moskau:* Medwedjew, S. 297; »um unser kleines ...«: Garthoff, *Reflections*, S. 92;

S. 144: *Chruschtschow will nicht dem Beispiel orientalischer Männer folgen*: Beschloss, S. 609 f.; »Ironie des Schicksals …«: ebenda, S. 579 f.; »Ich kann mir …«: Adler, S. 139 f.; *Sacharow rät Chruschtschow zu einem begrenzten Atomteststop-Abkommen*: Sacharow, S. 268 ff.; *Rede Kennedys an der American University*: Kennedy, *Public Papers*, vol. 1963, S. 459 ff.;

S. 145: *Chruschtschow über die Rede Kennedys*: Walton, S. 151; *Gespräch Chruschtschow–Harriman bei einem Empfang für Kádár*: Beschloss, S. 616; »zutiefst neurotisch«: Sorensen, S. 567;

S. 146: *Edward Teller und Lewis Strauss lehnen Atomteststoppabkommen ab*: Schlesinger, *Die tausend Tage*, S. 795; *Zugeständnisse des Präsidenten an die Joint Chiefs of Staff*: ebenda, S. 796; *Sacharow über die positiven Auswirkungen des Atomteststoppabkommens*: Sacharow, S. 271;

S. 147: »Der schnelle, braune …«: Beschloss, S. 593; »vertretbar, den Sowjets …«: ebenda, S. 632 f.; *Bundy befürwortet Weizenverkauf an die Sowjetunion*: ebenda;

S. 148: *Kennedys Rede in West-Berlin*: Kennedy, *Public Papers*, vol. 1963, S. 524 f.; »einfach idiotisch«, »der Berlin als …« und »das Leben von …«: Beschloss, S. 229 f.; »um die Hand …«, und »nicht kleinlich und …«: ebenda, S. 599;

S. 149: »das Produkt des …« und »das zu erhalten, …«: Griffith (ed.), S. 399; *zu Kennedys Vietnampolitik – Überblick über die kontroverse Literatur*: Brown, S. 34 ff., 53 ff., 86 ff.; Kaufman, S. 463 ff.; Griffith (ed.), S. 399 ff.;

S. 150: *Kennedy zu Mansfield, und Chruschtschow plädiert für politische Lösungen in Vietnam*: Beschloss, S. 684.

Der gewaltsame Abschied und das leise Vergessen – Nachwort

S. 151: *Über Dallas*: Schlesinger, *Die tausend Tage*, S. 887;

S. 154: »ungewöhnliche Weite des …«: *Chruschtschow erinnert sich*, S. 471; »daß ein Füllhorn …«: ebenda, S. 484; »Man kann die …«: ebenda, S. 476 f.; »Ich zweifle nicht …«: ebenda, S. 484 und »vermutlich einen seelischen …«: ebenda, S. 485 f.;

S. 155: »Im Namen von …«: *Chruschtschow, Skizzen zur Biographie*, S. 420; *Überblick über die Kennedy-Literatur und die unterschiedlichen Interpretationen u. a.*: Brown, S. 1 ff.,

Kaufman, S. 147ff.; »engagierte Loyalisten«: Brown, S. 6;

S. 157: »einen konventionellen Führer ...«: I. F. Stone, zit. nach: Cronin, in: Harper / Krieg (eds.), S. 16; »weder den Helden ...«: Brown, S. 83;

S. 158: »gut finanzierten und ...« und »daß die Dinge ...«: Cronin, in: Harper / Krieg, S. 19;

S. 160: »in dieselbe Richtung ...«: *Chruschtschow, Skizzen zur Biographie*, S. 135; »wir haben es ...«: ebenda, S. 239; »warum der erste ...«: ebenda, S. 166;

S. 161: »Mut und Vorsicht ...«: Cronin, in: Harper / Krieg, S. 18f.;

S. 162: »Wenn ich etwas ...«: Thomas L. Friedman in: *Die Zeit*, Nr. 28, 4. 7. 1997, S. 10; »weil ich weiß ...«: Beschloss, S. 677.

Literatur

Zu und von John F. Kennedy und Nikita Chruschtschow

Einen Überblick über die Chruschtschow-Literatur geben die im folgenden genannten Arbeiten von Filtzer und Hildermeier (einschließlich der wichtigsten russischen Veröffentlichungen); über die Kennedy-Literatur die Arbeiten von Brown, Brune, Giglio, Kaufman, Larson und Newcomb.

Adler, Bill: *Lachen mit Kennedy. Der Humor des Präsidenten*, Frankfurt am Main / Berlin 1967

Adshubej, Alexej: *Gestürzte Hoffnung. Meine Erinnerungen an Chruschtschow*, Berlin 1990

Ders.: *Jene zehn Jahre. Fragmente der Erinnerung*, in: *Nikita Sergejewitsch Chruschtschow. Skizzen zur Biographie*, Berlin 1990

Beschloss, Michael R.: *Powergame. Kennedy und Chruschtschow. Die Krisenjahre* 1960–1963, Düsseldorf / Wien / New York / Moskau 1991

Borch, Herbert von: *John F. Kennedy. Amerikas unerfüllte Hoffnung*, München / Zürich 1986

Bowin, Alexander: *Das Land dürstet nach Reformen*, in: *Nikita Sergejewitsch Chruschtschow. Skizzen zur Biographie*, Berlin 1990

Bradlee, Benjamin C.: *Conversations with Kennedy*, New York 1975

Breslauer, George W.: *Khrushchev and Brezhnev as Leaders: Building Authority in Soviet Politics*, London / Boston / Sydney 1982

Brown, Thomas: JFK: *History of an Image*, Indianapolis 1988

Brune, Lester H.: *The Missile Crisis of October* 1962: *Review of Issues and References*, Claremont, California, 1985

Burlazki, Fjodor: *Chruschtschow. Ein politisches Porträt*, Düsseldorf 1990

Burner, David: *John F. Kennedy and a New Generation*, Boston / Toronto / London 1988

Burtin, Juri: *Für die Menschen …*, in: *Nikita Sergejewitsch Chruschtschow. Skizzen zur Biographie*, Berlin 1990, S. 133 ff.

Catudal, Honoré M.: *Kennedy and the Berlin Wall Crisis: A Case Study in U.S. Decision Making*, Berlin 1980
Chruschtschow, N. S.: *Rechenschaftsbericht des Zentralkomitees der KPdSU an den XX. Parteitag*, Berlin 1956
Ders.: *Der Triumph des Kommunismus ist gewiß. Rechenschaftsbericht des Zentralkomitees der KPdSU an den XXII. Parteitag der KPdSU. Über das Programm der Kommunistischen Partei der Sowjetunion Oktober* 1961, Berlin 1961
Ders.: *Sozialismus und Kommunismus. (Aus den Reden von* 1956 *bis* 1963), Moskau 1963
Ders.: *Für den Sieg der Vernunft über die Kräfte des Krieges. Reden, Schriften, Interviews zur Außenpolitik* 1963, Berlin 1964
Ders.: *Über die nationale Befreiungsbewegung* (*Aus den Reden von* 1956 *bis* 1963), Moskau 1963
Chruschtschow erinnert sich. Die authentischen Memoiren, hrsg. v. Strobe Talbott, eingeleitet und kommentiert v. Edward Crankshaw, Reinbek bei Hamburg 1992
Chruschtschow, Sergei: *Nikita Chruschtschow. Marionette des KGB oder Vater der Perestroika?*, München 1991
Cousins, Norman: *The Improbable Triumvirate: John F. Kennedy, Pope John, Nikita Khrushchev*, New York 1972
Crankshaw, Edward: *Der rote Zar. Nikita Chruschtschow*, Frankfurt a. M. 1967
Cronin, Thomas E.: *John F. Kennedy: President and Politician*, in: Paul Harper / Joann P. Krieg (eds.), John F. Kennedy: *The Promise Revisited*, New York / Westport, Connecticut, / London 1988, S. 1ff.
Dallin, Alexander (ed.): *The Khrushchev and Brezhnev Years*, New York / London 1992 (Alexander Dallin, General Editor: *Articles on Russian and Soviet History* 1500–1991, 14 vols., vol. X)
Donovan, Robert: *J. Kennedy auf PT* 109. *Das Kriegserlebnis des amerikanischen Präsidenten*, München 1962
Filtzer, Donald: *Die Chruschtschow-Ära. Entstalinisierung und die Grenzen der Reform in der UdSSR*, 1953–1964, Mainz 1995
Fjodorow, Georgi: *Das letzte Geleit*, in: *Nikita Sergejewitsch Chruschtschow. Skizzen zur Biographie*, Berlin 1990
Foreign Relations of the United States, 1961–1963, vol. VI: *Kennedy – Khrushchev Exchanges*, Washington 1996; vol. X: *Cuba*, 1961–1962, Washington 1997; vol.: XI: *Cuban Missile Crisis and Aftermath*, Washington 1996
Frankland, Mark: *Khrushchev*, Harmondsworth, Middlesex, England, 1966
Giglio, James N. (Compiled by): *John F. Kennedy: A Bibliography*, Westport, Connecticut / London 1995
Greiner, Bernd: *Kuba-Krise.* 13 *Tage im Oktober: Analyse, Dokumente, Zeitzeugen*, Nördlingen 1988
Gromyko, Anatoli A.: *Die* 1036 *Tage des Präsidenten Kennedy*, Berlin 1970

Halberstam, David: *Die Elite. The Best and the Brightest*, Reinbek bei Hamburg 1972
Heath, Jim F.: *John F. Kennedy and the Business Community*, Chicago/London 1969
Kaufman, Burton I.: *John F. Kennedy as World Leader: A Perspective on the Literature*, in: *Diplomatic History*, vol. 17, no. 3, Summer 1993, S. 447ff.
Public Papers of the Presidents of the United States: John F. Kennedy: Containing the Public Messages, Speeches, and Statements of the President, 3 vols., Washington, D. C., 1962–1964
Kennedy, John Fitzgerald: *A Compilation of Statements and Speeches Made during his Service in the United States Senate and House of Representatives*, Washington, D. C., 1964
Ders.: *Profiles in Courage*. Memorial Edition, Special Foreword by Robert F. Kennedy, New York 1964
Kennedy, Robert: *Dreizehn Tage. Die Verhinderung des Dritten Weltkriegs durch die Brüder Kennedy*, hrsg. von Theodore Sorensen, Bern/München/Wien o. J.
Kölm, Lothar: *Nikita Chruschtschow (1894–1971). Mut zum Risiko oder die Einsamkeit der Macht*, in: ders. (Hrsg.): *Kremlchefs. Politisch-biographische Skizzen von Lenin bis Gorbatschow*, Berlin 1991
Larson, David L. (ed.): *The »Cuban Crisis« of 1962: Selected Documents, Chronology, and Bibliography*, Lanham/New York/London 1986
Leonhard, Wolfgang: *Nikita Sergejewitsch Chruschtschow. Aufstieg und Fall eines Sowjetführers*, Luzern/Frankfurt am Main 1965
Lewada, Juri / Schejnis, Wiktor: 1953–1964. *Warum es damals nicht gelang*, in: *Nikita Sergejewitsch Chruschtschow. Skizzen zur Biographie*, Berlin 1990
McCauley, Martin (ed.): *Khrushchev and Khrushevism*, London 1987
Ders.: *Khrushchev and the Development of Soviet Agriculture: The Virgin Land Programme* 1953–1964, London/Basingstoke 1976

Medwedjew, Roy: *Chruschtschow. Eine politische Biographie*, Stuttgart/Herford 1984
Michalkow, Sergej: *Staukammern und Flutventile*. Aus einem Gespräch mit F. Medwedew, in: *Nikita Sergejewitsch Chruschtschow. Skizzen zur Biographie*, Berlin 1990
Miller, R. F. / Féhér, F. (eds.): *Khrushchev and the Communist World*, London/Sydney/Totowa, New Jersey, 1984
Miroff, Bruce: Pragmatic Illusions: *The Presidential Politics of John F. Kennedy*, New York 1976, auszugsweise in: Thomas C. Reeves (ed.), *John F. Kennedy: The Man, the Politician, the President*, Malabar, Florida, 1990, S. 99ff.
Neumann-Hoditz, Reinhold: *Nikita S. Chruschtschow in Selbstzeugnissen und Bilddokumenten*, Reinbek bei Hamburg 1980

Newcomb, Joan I.: *John F. Kennedy: An Annotated Bibliography*, Metuchen, N. J. / London 1977
Nikita Sergejewitsch Chruschtschow. Skizzen zur Biographie, Berlin 1990
Pawlow, Sergej: *»Unseren Platz werden andere einnehmen, die mutiger und besser sind als wir ...«*, in: *Nikita Sergejewitsch Chruschtschow. Skizzen zur Biographie*, Berlin 1990, S. 238 ff.
Reeves, Thomas C.: *John F. Kennedy. Die Entzauberung eines Mythos*, Bergisch Gladbach 1995
Reeves, Thomas C. (ed.): *John F. Kennedy: The Man, the Politician, the President*, Malabar, Florida, 1990
Romm, Michail: *Vier Begegnungen mit Nikita Chruschtschow*, in: *Nikita Sergejewitsch Chruschtschow. Skizzen zur Biographie*, Berlin 1990, S. 166 ff.
Schlesinger, Arthur M.: *Die tausend Tage Kennedys*, Bern / München / Wien o. J.
Sorensen, Theodore C. (ed.): *»Let the Word Go Forth«: The Speeches, Statements, and Writings of John F. Kennedy*, New York 1988
Ders.: *Kennedy*, München 1966
Streljany, Anatoli: *Subjektive Anmerkungen zu Nikita Chruschtschow*, in: *Nikita Sergejewitsch Chruschtschow. Skizzen zur Biographie*, Berlin 1990
Whalen, Richard J.: *Der Kennedy-Clan. Joseph P. Kennedy und seine Söhne*, Düsseldorf 1965
Wofford, Harris: *Of Kennedys and Kings: Making Sense of the Sixties*, New York 1980
Wosnessenski, Andrej: *Antwort an meine Leser*, in: *Nikita Sergejewitsch Chruschtschow. Skizzen zur Biographie*, Berlin 1990, S. 162 ff.
Ders.: *Nikita Chruschtschow. »In Fragen der Kunst bin ich Stalinist«*, in: *Nikita Sergejewitsch Chruschtschow. Skizzen zur Biographie*, Berlin 1990, S. 156 ff.

Allgemeines

Arbatow, Georgi: *Das System. Ein Leben im Zentrum der Sowjetpolitik*, Frankfurt / M. 1993
Baran, Paul A. / Sweezy, Paul M.: *Capitalism and Persistent Poverty* (Auszug aus: *Monopoly Capital*), in: Helen Ginsburg (ed.): *Poverty, Economics, and Society*, Boston 1972, S. 164 ff.
Bittorf, Wilhelm: *»Wir werden viele Russen töten«. Spiegel-Autor Wilhelm Bittorf über die Konfrontation der Supermächte in der Kuba-Krise* 1962 (IV), in: *Der Spiegel*, Nr. 45, 2. 11. 1987
Caputo, Philip J.: *A Rumor of War*, Repr. London 1977
Conquest, Robert: *Der Große Terror. Sowjetunion* 1934–1938, München 1992
Courtois, Stéphane / Werth, Nicolas / Panné, Jean-Louis / Paczkowski, Andrzej / Bartosek, Karel / Margolin, Jean-Louis: *Das Schwarzbuch des Kommunismus. Unterdrückung, Verbrechen und Terror*, München / Zürich 1998
Deutscher, Isaac: *Stalin. Eine politische Biographie*, Berlin 1990

Diggins, John Patrick: *Proud Decades: America in War and in Peace,* 1941–1960, New York etc. 1988; auszugsweise in: Robert Griffith (ed.), *Major Problems in American History Since* 1945, Lexington, Massachusetts / Toronto 1992, S. 227ff.
Falin, Valentin: *Politische Erinnerungen,* München 1993
Friedan, Betty: *Der Weiblichkeitswahn oder Die Selbstbefreiung der Frau. Ein Emanzipationskonzept,* Reinbek bei Hamburg 1971
Friedman, Thomas L.: *Amerikas Wirtschaft ist nicht ohne Schwächen. Bei allem Selbstbewußtsein: Zu viele drängende Probleme des Landes bleiben ungelöst,* in: *Die Zeit,* 1997, Nr. 28, 4. 7. 1997, S. 10
Galbraith, John Kenneth: *Gesellschaft im Überfluß,* München / Zürich 1958
Garthoff, Raymond L.: *Reflections on the Cuban Missile Crisis,* Washington, D.C., 1987
Ders.: *Some Observations on Using the Soviet Archives,* in: *Diplomatic History,* vol. 21, no. 2, Spring 1997, S. 243ff.
Ginsburg, Helen (ed.): *Poverty, Economics, and Society,* Boston 1972
Griffith, Robert (ed.): *Major Problems in American History Since* 1945: *Documents and Essays,* Lexington, Massachusetts / Toronto 1992
Grinevskij, Oleg: *Tauwetter. Entspannung, Krisen und neue Eiszeit,* Berlin o. J.
Harrington, Michael: *Das andere Amerika. Die Armut in den Vereinigten Staaten,* München 1964
Hildermeier, Manfred: *Geschichte der Sowjetunion* 1917–1991. *Entstehung und Niedergang des ersten sozialistischen Staates,* München 1998
Hobsbawm, Eric: *Das Zeitalter der Extreme. Weltgeschichte des* 20. *Jahrhunderts,* München / Wien 1995
Holtfrerich, Carl-Ludwig (Hrsg.): *Wirtschaft USA: Strukturen, Institutionen und Prozesse,* München etc. 1991
Howe, Irving: *Socialism and America,* San Diego / New York / London 1985
Hübner, Emil: *Das politische System der USA. Eine Einführung,* München 1989
Jewtuschenko, Jewgenij: *Lyrik, Prosa, Dokumente,* München 1972

Joesten, Joachim: *Präsident Nixon,* München 1969
Junker, Detlef: *Von der Weltmacht zur Supermacht. Amerikanische Außenpolitik im* 20. *Jahrhundert,* Mannheim / Leipzig / Wien / Zürich 1995
Kleinsteuber, Hans J.: *Die U.S.A. – Politik, Wirtschaft, Gesellschaft. Eine Einführung,* Hamburg 1974
Klenner, Hermann: *Menschenrechte zwischen Krieg und Frieden, Zeitschrift für Geschichtswissenschaft,* 1989, Heft 7, S. 581ff.
Krakau, Knud: *Missionsbewußtsein und Völkerrechtsdoktrin in den Vereinigten Staaten von Amerika,* Frankfurt a. M. 1967
Lebow, Richard Ned / Stein, Janice Gross: *We all Lost the Cold War,* Princeton 1994
Lenin, W. I.: *Die Hauptaufgabe unserer Tage,* in: *Werke,* Bd. 27, Februar – Juli 1918, Berlin 1960, S. 146ff.

Lundberg, Ferdinand: *Die Reichen und die Superreichen. Macht und Allmacht des Geldes*, Hamburg 1969
Das Manifest der »Enragés«, 25. Juni 1793, in: Walter Markow: *Revolution im Zeugenstand. Frankreich* 1789–1799, Bd. 2, Leipzig 1982
Marx, Karl / Engels, Friedrich: *Manifest der Kommunistischen Partei*, in: *Ausgewählte Schriften in zwei Bänden*, Bd. 1, Berlin 1952, S. 15ff.
Miller, Douglas T. / Nowak, Marion: *The Fifties: The Way We Really Were*, Garden City, New York 1977, auszugsweise in: Robert Griffith (ed.), *Major Problems in American History Since* 1945, Lexington, Massachusetts/Toronto 1992, S. 213ff.
Mollin, Gerhard Th.: *Die USA und der Kolonialismus. Amerika als Partner und Nachfolger der belgischen Macht in Afrika* 1939–1965, Berlin 1996 (*Studien zur internationalen Geschichte*, hrsg. von Wilfried Loth u. a., Bd. 1)
Nekrassow, N. A.: *Wer lebt glücklich in Rußland?*, Leipzig o. J.
Ofer, Gur: *Soviet Economic Growth:* 1928–1985, in: Alexander Dallin (ed.): *The Khrushchev and Brezhnev Years*, New York/London 1992, S. 1767ff.
Robbe, Martin / Senghaas, Dieter (Hrsg.): *Die Welt nach dem Ost-West-Konflikt. Geschichte und Prognosen*, Berlin 1990
Roosevelt, Franklin D.: *Nothing to Fear: The Selected Addresses of Franklin Delano Roosevelt* 1932–1945, edited by B. D. Zevin, Boston 1946
Roosevelt, Eleanor: *Anna E. Roosevelt, The Autobiography of Eleanor Roosevelt*, Boston 1984
Rusk, Dean: *As I Saw It: A Secretary of State's Memoirs*, London/New York 1991
Sacharow, Andrej: *Mein Leben*, München/Zürich 1991
Schattschneider, E. E.: *The Semisouvereign People: A Realist's View of Democracy in America*, New York 1960
Schlesinger, Arthur M.: *Robert Kennedy and His Times*, Boston 1978
Schweigler, Gebhard: *Die USA* seit 1945. *Strukturveränderungen und Entwicklungstendenzen*, Ebenhausen 1986
Stalin, J.W.: *Werke*, Bd. 13, Juli 1930–Januar 1934, Berlin 1955
Walton, Richard J.: *Cold War and Counterrevolution: The Foreign Policy of John F. Kennedy*, New York 1972
Wolkogonow, Dmitri: *Triumph und Tragödie. Politisches Porträt des J. W. Stalin*, 2 Bände, Berlin 1990

Bildnachweis

S. 34 Ullstein Bildarchiv/Nowosti; S. 36 Ullstein Bildarchiv; S. 37 Ullstein Bildarchiv / Camera Press Ltd.; S. 49 Ullstein Bildarchiv; S. 117 Ullstein Bildarchiv / Camera Press Ltd.; S. 120 Ullstein Bildarchiv / Keystone; S. 158 Ullstein Bildarchiv/AP; S. 159 Ullstein Bildarchiv

Danksagung

Für die Lektoratsarbeit mit vielen kritischen Hinweisen, wertvollen Anregungen und klugen Ideen danke ich Frau Nathalie Hillmanns und Herrn Claudio Gallio.
Karl Drechsler

GegenSpieler

Tom Levine

Lady Di – Königin Elisabeth

Band 14494

Beide wuchsen in der arrangierten Leichtigkeit des Seins auf, und ihr Lebensweg schien vorherbestimmt: *Elisabeth Alexandra Mary von York* kam »nur« als Tochter eines jüngeren Bruders des künftigen Thronanwärters auf die Welt. *Diana Spencer* als drittes Mädchen einer unglücklichen Ehe, die nur noch auf einen männlichen Stammhalter hoffte. Jahrzehnte später treffen Elisabeth und Diana in völlig veränderten Rollen aufeinander: Königin die eine, designierte Thronfolgergattin und Schwiegertochter die andere. Rasch werden die unterschiedlichen Lebens- und Rollenverständnisse der beiden Frauen deutlich: Hier rigorose Pflicherfüllung und absolute Verschwiegenheit als Ziele an sich, dort glamouröse Prominenz und mediale Inszenierungen als Plattformen für mehr. Jede für sich wird eine ebenso absolute wie endgültige Verkörperung gesellschaftlicher Paradigmen und Phantasien – Fixpunkte im Koordinatensystem kollektiver Welterfahrungen. Tom Levine, Journalist in London, hat sich auf die Spuren zweier bemerkenswerter Frauenleben und ihres Konfliktes begeben – Tradition gegen Moderne.

Fischer Taschenbuch Verlag

fi 9003 / 2

GegenSpieler

Georg Diez

Beatles – Rolling Stones

Band 14469

»Wir machen aus euch genau das Gegenteil dieser netten, sauberen, ordentlichen Beatles«, hatte den Rolling Stones ihr 19jähriger Manager Andrew Loog Oldham einmal versprochen: »Und je mehr die Eltern euch hassen werden, desto mehr werden euch die Kids lieben.« 1964 war dann der Sommer, als jeder ernstzunehmende Teenager sich und anderen eine grundsätzliche Frage zu beantworten hatte. Und die Frage des Sommers 1964 war eine Frage des Charakters: »Bist du *Beatles* oder bist du *Rolling Stones*?« Dabei war die Konkurrenz zwischen den Beatles und den Stones bereits eine klassische popmoderne Arbeitsteilung. Im Spannungsfeld dieser beiden entscheidenden Pole konnte die Jugend und mit ihr die Popkultur in den Sechzigern ihren Eroberungszug antreten. Andy Warhol, selbst ein Hauptstratege dieser Revolution, hat es auf den Punkt gebracht: »Die Gegenkultur, die Subkultur, Pop, Superstars, Drogen, Licht, Discotheken – was auch immer mit ›jung-und-dabei-sein‹ zu tun hat, das begann wohl damals.« Der Pop- und Kulturjournalist Georg Diez erweckt das Jahrzehnt zum Leben, in dem alles anfing: die wilden Sechziger.

Fischer Taschenbuch Verlag

fi 9002 / 2

GegenSpieler

Kathrin Gerlof

Gerhard Löwenthal – Karl-Eduard von Schnitzler

Band 14183

Der eine entgeht mit Glück und Geschick der Ermordung durch die Nationalsozialisten, der andere verhilft manchem Verfolgten des Tausendjährigen Reichs erfolgreich zur Flucht. Doch die geteilte Erfahrung, einem gemeinsamen Feind widerstanden zu haben, zählt nach 1945 nichts mehr: *Gerhard Löwenthal* und *Karl-Eduard von Schnitzler* werden zu exponierten Frontkämpfern im Kalten Krieg der Systeme. Ihr Schlachtfeld: das Fernsehen. Ihre Waffe: die Sprache. Löwenthals »ZDF-Magazin« und Schnitzlers »Schwarzer Kanal« avancieren zu Bastionen zielgerichteter Meinungsbildung auf beiden Seiten der Mauer. Allerdings zeigt sich auch, daß beiden in ihrem Eifer weitaus mehr gemeinsam ist, als ihnen lieb sein dürfte: »Die Brüche im Leben geraten zur geplanten Aktion, das Scheitern wird zum Sieg stilisiert, aus Irrtümern entstehen Heldengeschichten.« Die Berliner Publizistin Kathrin Gerlof erzählt dieses bemerkenswerte Stück deutsch-deutscher Fernsehgeschichte.

Benjamin R. Barber

Demokratie im Würgegriff

Kapitalismus und Fundamentalismus – eine unheilige Allianz

Aus dem Englischen von Günter Seib

Band 13812

Wer die Wirtschaftsnachrichten verfolgt, erhält den Eindruck, daß die Welt stetig zusammenwächst und ein einziger internationaler Markt alle Grenzen zwischen den Nationen auflöst. Wer hingegen die politischen Schlagzeilen liest, ist bald vom Gegenteil überzeugt: Politisch scheint die Welt mehr und mehr auseinanderzufallen; ethnisch und religiös motivierter Brudermord und Bürgerkrieg spalten ganze Nationen und breiten sich beängstigend aus. Und doch sind beide Bewegungen in einem Punkt eng verwandt: Kapitalismus wie Fundamentalismus sind demokratiefeindlich. Beide versuchen auf unterschiedliche Weise, den Nationalstaat, ehemals die einzige Garantie für eine funktionierende Demokratie, aus den Angeln zu heben. Die Demokratie wird Opfer eines doppelt geführten Angriffs: jenes der grenzenlosen Profitmaximierung auf Kosten jeder Moral oder Religion und jenes des ausgrenzenden, intoleranten religiösen Fanatismus.

Ein brillantes, aufrüttelndes Buch über unsere Zukunft.

Fischer Taschenbuch Verlag

fi 248 / 8

Zbigniew Brzezinski

Die einzige Weltmacht

Amerikas Strategie der Vorherrschaft

Aus dem Amerikanischen von Angelika Beck

Mit einem Vorwort von Hans-Dietrich Genscher

Band 14358

Nach dem Zusammenbruch der Sowjetunion existiert nur noch eine Supermacht auf dieser Erde: die Vereinigten Staaten von Amerika. Und noch nie in der Geschichte der Menschheit hat eine Nation über so große wirtschaftliche, politische und militärische Mittel verfügt, um ihre Interessen durchzusetzen. Noch nie gelang es einer Demokratie, zur ersten und einzigen Weltmacht aufzusteigen. Was bedeutet dieses Faktum für Amerika und den Rest der Welt, insbesondere für Deutschland, Europa und den europäischen Einigungsprozeß?

In einer brillanten strategischen Analyse legt Brzezinski dar, warum die Vorherrschaft der USA die Voraussetzung für Frieden, Wohlstand und Demokratie in der Welt ist, und wie Amerika sich verhalten muß, um seine Weltmachtstellung zu erhalten. Brzezinski erklärt, warum Deutschland und Frankreich zentrale geostrategische Rollen spielen werden, Großbritannien und Japan aber nicht; warum Rußland nur eine Chance hat, die Fehler der Vergangenheit zu korrigieren, nämlich sich nach Europa hin zu orientieren; warum Amerika nicht nur die erste wirklich globale Supermacht ist, sondern auch die letzte sein wird, und welche Verpflichtungen daraus resultieren.

Fischer Taschenbuch Verlag

fi 808 / 6